# 経済再興のための
# 金融システムの構築

益田　安良 [著]

一般社団法人 金融財政事情研究会

## 序にかえて——ポスト・コロナの金融を考える

　本書の原稿を書き終えたのは、実は、2020年2月下旬であった。この頃は、中国・武漢とその周辺では新型コロナウイルス蔓延が深刻であったが、日本での危機感は乏しかった。豪華クルーズ船のダイヤモンド・プリンセス号は2月3日に横浜に入港し、そこでのウイルス蔓延も心配されたが、それも一部での特殊なことと認識されていた。

　ところが本書の原稿を入稿した頃から、われわれの生活は、どんどんコロナ一色に染まっていった。不要不急の外出の自粛が求められ、すべての会合や会議、催し物が中止となり、仕事も在宅勤務となり、緊迫感が増した。そして政府は、4月7日、緊急事態宣言を発出し、日本中の活動が抑制された。大学での講義もすべてオンライン講義に移行し、筆者も自宅からパソコンに向かって授業をする毎日となった。この間、日本での感染者・死者は着実に増えていった。

　この新型コロナウイルス感染拡大（以下、コロナ禍）は、世界経済・社会に多大に変化をもたらす。多くの命が奪われるだけでなく、感染防止のための都市封鎖（ロック・ダウン）、あるいは活動自粛要請により経済・産業に大きなダメージが生じる。IMF（国際通貨基金）の2020年4月14日の世界経済予測（WEO）によると、2020年半ばに感染拡大が収まり、各国が経済活動を再開するという楽観的な前提に基づいても、世界全体

の実質経済成長率は、2019年の2.9％から2020年にはマイナス（▲）３％に下落するとのことである。この大きなマイナス成長は、1930年代の大恐慌以来である。IMF予測では、日本の実質経済成長率も2019年の0.9％から2020年には▲5.2％に下落する。欧米諸国の成長率下落はもっと深刻である。世界経済が、戦後最悪の大不況となるのは必至である。当然、倒産、失業が増え、ほとんどの方々の所得がかなり減少するであろう。

　社会、生活様式も大きく変わり、これが産業にも多大な影響を与える。感染抑制のために人々の集合や接触が避けられ、飲食業、イベント・興行など人を集めて成り立つサービス業、旅行、交通機関（運輸）など人の接触が不可避の産業は、活動の抑制を余儀なくされた。片や、マスクや体温計などの衛生用品、巣籠りに必要な保存食品、冷凍食品、菓子、家庭用飲料、宅配サービスなどの需要は増加した。感染症の治療薬、ワクチンの開発をリードする会社への期待、あるいはPCR検査や抗体検査の関連企業の需要も高まった。また、オンライン会議やオンライン講義、テレワークのサービス提供会社や、それに付随するヘッドセットや外付けカメラなどの需要も急増した。巣籠り生活を潤す、映画や音楽などのネット配信、ゲームの需要も高まった。オンラインを用いた新たな生活サービス産業も誕生した。コロナ禍は、経済全体には甚大な悪影響をもたらし、そのなかで多くの産業が厳しいダメージを被るが、他方で新たなビジネスチャンスを得る産業もあるのである。また、会議や出張、ハンコ、紙の帳票・資料など、従来から縮減が議論されて

きた長年の慣行があらためて見直され、産業・社会の効率が高まった可能性もある。

変化を遂げた生活様式、社会・産業構造は、コロナ禍が収まった後も残るであろう。宴会や海外旅行、出張、外食などの需要は、活動制限が解除されれば幾分は持ち直すであろうが、2021年以降も2019年以前の水準には戻らないであろう。逆に、新たな需要を得たテレワーク、オンライン講義、VR（仮想現実）を活用した娯楽・生活支援、宅配などの市場規模は、コロナ禍が去っても縮小することはないであろう。AC（Afterコロナ、コロナ禍終息後）の生活・社会・産業は、BC（Beforeコロナ、コロナ禍以前）とは違うものとなっていると考えるべきである。


さて、本書のターゲットである「金融システム」についてはどうか。コロナ禍に伴い、金融制度・構造・市場とその環境に関して生じた変化については、慌てて加筆した。しかし、総じて金融分野の構造や課題の大枠については、BCとACで大きな変化がないように思う。

むしろ、BCの金融分野のいくつかの課題は、コロナ禍で浮き彫りになった面もある。

第1に、コロナ禍に伴う企業・産業支援のために公的金融の存在意義がかなり高まったが、その過程で伝統的な民間部門との競合問題もあらためて浮上した。公的金融（含む信用保証協会）の肥大化の問題は、リーマン危機の後と同様、混乱が収

まった後に再びクローズアップされると予想される（公的金融の問題点については第Ⅶ章参照）。新型コロナウイルス感染拡大防止のための経済活動制限の打撃を深刻に受けた飲食店・娯楽産業の多くは中小企業であり、実際、3月末以降、多くの中小企業が廃業、倒産に追い込まれた。その中小企業を支えるべく、民間金融機関も大車輪で融資拡大を図ったが、その際にあらためて中小企業金融の課題も明らかになった（中小企業金融の構造と変革課題については第Ⅱ章参照）。

第2に、過去20年間の主要国の金融政策が、単なる幻想であったことが明らかになった。これほどの危機であるから、多くの企業が資金繰りに窮し、各国政府は巨額の財政支援のために国債を大量発行し、金融市場では資金が逼迫した。こうした状況を受け、各国の中央銀行は資産を拡大し（国債や社債を市場から大量に買い入れ）、市場に惜しげもなく資金を供給する（すなわち量的金融緩和を行う）用意があることを表明した。これは、2008年のリーマン危機の際に欧米の中央銀行が十分に流動性を供給できず、これが金融市場の逼迫を助長した反省によるものである。しかし、量的金融緩和政策には、市場に安心感を与える効果はあっても、急落する需要をくい止める効果などあるはずがない。

他方、政策金利については、各国の明暗が分かれた。米国FRB（連邦準備制度理事会）は、2020年3月上旬に、政策金利を1.5％から一挙に0％に引き下げた。1.5％もの利下げは異例であり、これは米国産業界や株式市場に少なからぬプラス効果

をもたらす。これに対し、すでに政策金利をマイナスにしているECB（欧州中央銀行）や日本銀行は、金利を動かせない。口では「できることは何でもする」と豪語するが、実際には動けない。景気刺激、需要創出のためにマイナス金利を導入していたのであれば、このような需要蒸発に際しマイナス金利の深掘りをしてもおかしくないのだが、それもしない。なぜか。それは、ECBも日銀も、実はマイナス金利政策が需要を刺激する効果は乏しく、むしろ多大な弊害を生むことを十分に認識しているからであろう。コロナ禍という未曽有の危機を通じて、過去20年間喧伝されてきた量的金融緩和政策やマイナス金利の景気刺激効果が、実は幻想であったことが明らかになったのである（中央銀行の金融政策については第Ⅴ章参照）。

　一方で、近年の金融分野での変化が、コロナ禍への対応において助けとなった面もある。

　第1に、キャッシュレス化とインターネット・バンキング、証券ネットトレードが、いっそう重要性を増す。銀行や証券会社の店舗、ATMに行くことも、コロナ禍のなかではリスクを伴うものとなった。現金自体もウイルスを運ぶものとして忌避されるようになった。このため、スマホ決済や電子マネーをもつ消費者はキャッシュレスで決済し、なるべく小売店に行かずネットショッピングで買い物をすませ、預金・証券などの取引もなるべくインターネットを通じて行う傾向が定着した。過去数年間にフィンテックやキャッシュレス決済が進展し、普及し

つつあったからよかったが、数年前にコロナ禍に見舞われていたら、人々は銀行や証券会社の店舗・ATMに列をなしていたことであろう。仮に、中央銀行デジタル通貨（CBDC）、あるいはFacebookが企図するリブラ（Libra）が誕生していたら、キャッシュレス化はもっと徹底されたであろうが、その点は残念である。特に日銀がCBDCを発行していれば、全国民への1人10万円の一律給付も、即座に実施できたはずである（フィンテック、CBDCについては第Ⅷ章参照）。

第2に、金融規制・監督分野が近年弾力的になってきたことは、このコロナ禍で救いとなっている。1990年代末に破綻懸念銀行の一時公的管理と健全行への公的資金注入によってかろうじて危機を脱した後、金融庁は個別の金融機関に対して検査マニュアルによって厳しく検査にあたった。その結果、銀行等の不良債権は劇的に減少したが、銀行等は融資に過度に慎重になり、これがマネーフローの目詰まりを招いた。しかし、検査マニュアルは2019年12月に廃止され、金融当局の監督はプリンシプル・ベース、リスク・ベースへと軸足を移している。コロナ禍に際し、日本経済の岩盤を守るために邦銀は向こう傷をおそれずに融資を実施した。それは必要な行動で称賛されるべきであるが、後にその融資が不良債権となり邦銀の信用コストを高めることは避けられない。この時、金融当局が、以前の厳しい検査マニュアルをもって監督し厳しく引当金を求めれば、ただでさえ楽ではなかった邦銀の経営はさらに圧迫される（邦銀の経営環境については第Ⅴ章参照）。金融当局は、コロナ禍に即応

して柔軟に監督を行うことを表明しており、これは健全なマネーフローと邦銀の経営安定化にとって好材料となっている（金融規制・監督については第Ⅵ章参照）。

　また、2013年から段階的に導入されてきたバーゼル銀行監督委員会の「バーゼルⅢ」に織り込まれた、危機へのバッファー措置も、コロナ禍へのショックアブソーバー（衝撃減衰装置）となる可能性がある。バーゼルⅢは、リーマン危機後にその教訓をふまえて設定された規制であり、世界の金融機関に従来よりも重い自己資本負担を求める側面ばかりが強調されてきた。しかし、バーゼルⅢに、プロ＝シクリカリティ問題への対抗措置として織り込まれた資本保全バッファーやカウンター＝シクリカル・バッファーについて、バーゼル委員会は今回のコロナ禍のなかで、貸出を維持するために規制上の資本バッファーを必要に応じて取り崩すことが可能であることをあらためて表明している。すなわち、金融機関の負担を軽くする余地を残している。こうしたカウンター＝シクリカルな（経済変動に対抗しうる）バッファーがなければ、各国の規制当局が自己資本比率規制に関して今回の世界経済危機に対抗する術がなかったわけであり、その点ではバーゼルⅢを導入したことのメリットもあったといえよう（バーゼルⅢについては第Ⅵ章参照）。

　逆に、コロナ禍を経て、さらに環境が深刻になったこともある。

　まず、起業・ベンチャー（新興企業、スタートアップ）の促進

については、道のりがさらに厳しくなった。近年、ベンチャー投資額は増加傾向にあるなど、ようやく日本の起業・ベンチャーにも動意がみられた感があったが、そうしたささやかな芽もこのコロナ禍で摘み取られる懸念がある。前述のとおり、コロナ禍前後で生活様式や産業構造が大きく変化することで、そこにさまざまなビジネスチャンスが生まれ、ベンチャーの活躍場所が広がる面もある。他方で、多くの新興企業が、需要蒸発により資金繰り悪化に見舞われている。雇用環境が悪化し、所得が減少し、起業希望者の経済力も低下するであろう。金融市場では、リスク回避的な風潮が強まり、ベンチャーに向かう資金も細るであろう。クラウドファンディングが、イベント等の中止により事業が消失した芸術家や飲食店の事業を支える、といった美談も生まれたが、小口リスクマネーの流通というクラウドファンディングの本来の使命は薄れつつある（起業・ベンチャーについては第Ⅲ章参照）。

　家計金融の悪化も必至である。コロナ禍により、多くの家計が所得を失う。長期にわたって家計の資金繰りを左右する年金財政の悪化も避けえない。年金財政は、基本的には実質賃金の伸びと、就業率で決まる。コロナ禍により実質賃金が低迷し、就業率が低下するのは確実である。公的年金については、マクロ・スライド制度があるため、年金制度が崩壊することはないが、コロナ禍により老後に受け取れる年金額が減少する（所得代替率が低下する）ことは確実である。そのぶん、退職時に必要となる金融資産額もかさむことになる（高齢社会における家

計金融については第Ⅳ章参照）。

　日本のマネーフローの問題として指摘されてきた「間接金融依存」も助長される可能性が高い。前述のとおり、資金繰りの悪化した企業が、銀行の門前には列をなす。他方で、リスクプレミアムの拡大により低格付社債の金利は跳ね上がり、リスクを嫌って株式市場やREIT市場への資金流入は細っている。証券市場を活性化すべく1990年代後半に日本版金融ビッグバンを実施し、その後もさまざまな証券市場育成策や証券取引所改革がなされたが、そうした努力も頓挫した感がある（日本のマネーフローの問題点については第Ⅰ章参照、証券市場の動向については第Ⅱ章参照）。


　本書では、1990年代末の金融危機や金融ビッグバン、ゼロ金利政策の導入を経ても変わらず残った日本の金融構造・金融システムにおける20年来の課題を考えた。そのBCの課題は、程度の差はあれ、コロナ禍終息後のACでも残るものである。いまは、コロナ禍への喫緊の対応に追われているが、2021年以降にコロナ禍が終息した後には再びBCの課題が浮き彫りになるであろう。

　その課題をこなす際には、「経済成長を促す金融システム」という視点が重要である。金融業界のためでも、中小企業のためでもない、ALL JAPANの経済成長を促進することを主眼に置かねばならない。

　2013年、米国・ハーバード大学のローレンス・サマーズ教授

が「過剰貯蓄下では均衡金利が下がり経済が低迷する」という長期停滞論を唱え学界で話題になった。この長期停滞論は世界経済全体を対象とする論であるが、2019年までの日本に実によく当てはまる。こうした状況下では、日本銀行がいくら市中金融機関から国債を大量に買ってマネタリーベースを供給しても、経済が活性化するわけがない。デフレも脱却できない。そしてそれは2013年からの異次元金融緩和の大実験で立証された。安倍晋三首相が、アベノミクスを連呼し、「危機的」と叫び補正予算で巨大な景気対策を行っても一時的な効果しかなかった（長期停滞論については第Ⅷ章参照）。

　いまや、コロナ禍での経済活動麻痺と需要蒸発により、長期停滞論のような長期的な経済成長に係る議論は吹っ飛んだ感があるが、2021年以降のACの時代には再び重要性を増すであろう。おそらくACでは各国の潜在成長力はさらに低下し、長期停滞論がより深刻になる可能性が高い。そうしたなかでは、よりいっそう地道に、産業をつくり直し、生産性を高めねばならない。労働市場・産業構造にも本格的に手を入れねばならないであろう。こうした真の意味の「構造改革」に、金融からの働きかけも必要ではないか。金融は黒子から脱し、主体的に経済構造改革をリードしなければいけない時代である。そういう問題意識が本書に貫かれている。


　本書は、筆者の過去37年間のエコノミスト人生、とりわけ過去20年余りの金融経済研究者としての経験と蓄積と、苛立ちを

もとに書き下ろしたものである。したがって本書には、筆者のこれまでの職場である富士銀行、富士総合研究所、東洋大学、国立国会図書館、あるいは日本金融学会、日本経済政策学会等の所属学会で接した多くの研究者の皆様から頂戴した知見、ご示唆、ヒントが集約されている。個別にお名前を記せないが、ここに感謝申し上げたい。

　また、本書の構想段階から、多くの的確なアドバイスを頂戴した、株式会社きんざい出版部の皆様に深く御礼を申し上げる。そして、長年さまざまな議論をさせていただき、本書出版のきっかけをつくっていただいた週刊金融財政事情編集長の北山桂氏にも、この場を借りて御礼を申し上げたい。


　本書は、金融経済の研究者、政府・中央銀行の政策担当者のみならず、学生を含む一般国民の皆様にもぜひ読んでいただきたいと思って書いた。皆様が、日本の金融の問題点とその是正策を考える際の一助となれば幸いである。


2020年6月

　　　　武蔵国の国府・府中の自宅にて巣籠りしつつ…

　　　　　　　　　　　　　　　　　益田　安良

# 目　次

## 第 II 章

# 企業金融におけるゆがみと活路

### 第 Ⅴ 章

## 金融機関経営を圧迫するマイナス金利政策

第 Ⅵ 章

## 金融規制・監督の課題

第 Ⅶ 章

# 公的金融の変革課題

第 **I** 章

# 日本の金融システム概観と諸環境

金融の本質は金銭の貸借である。各部門の貸借は、バランスシートの資産・負債に計上され、その増減は「カネ」の流れ、すなわちマネーフロー（資金循環）を示す。日本の各部門の資金過不足をみることで、部門間のマネーフローの概要をとらえることができる。本章では、まず日本のマネーフローを概観し、企業部門、家計部門等の各セクターの抱える問題点を指摘する。そのうえで日本銀行の金融調節、金融制度との関係を考察し、日本経済の活力回復のために必要なことが何かを考える。そして、第Ⅱ章以降の問題意識を提示する。

 # マネーフローからみた日本の
# 金融システムの特徴と問題点

## ◆日本のマネーフローの特徴とゆがみ

　日本の各部門の資金過不足は、マクロ経済における各部門の貯蓄バランス（貯蓄投資差額、Savings-Investment）と一致する。各部門の主な特徴と現状は、次のとおりである。

　家計（個人事業主などを含む）は、恒常的に資金余剰を計上してきたが、趨勢としては縮小気味である（図表1−1）。

　一般政府（中央政府、地方公共団体、社会保障基金）部門は、恒常的に資金不足である。これは財政赤字に対応する。2009〜12年度には資金不足は40兆円程度に拡大を続けていたが、2013

図表１－１　日本の部門別資金過不足

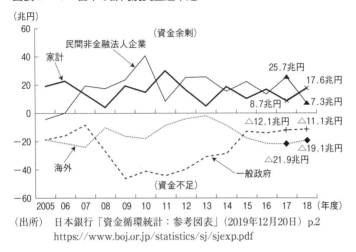

（出所）　日本銀行「資金循環統計：参考図表」（2019年12月20日）p.2
　　　　　https://www.boj.or.jp/statistics/sj/sjexp.pdf

年度以降は税収増等を反映して10兆円強まで縮小している。し
かし、2020年度には、コロナ禍への対応として、巨額の財政支
出と税収減が見込まれ、資金不足（財政赤字）は大きく拡大す
るであろう。政府セクターは多くの国で資金不足を計上する
が、すでに政府債務残高が巨額にのぼっている日本の場合は、
一刻も早く赤字を縮小しフローの資金余剰（財政黒字）に転じ
ることが望まれる。

　最も奇異なのが、民間非金融法人企業（事業法人部門）であ
る。健全な企業は果敢に設備投資を行い、その資金は外部から
調達し、そこで生じた債務を利益から返済することを繰り返す
ため、事業法人部門は本来、資金不足になるのが健全である。
しかし日本の事業法人部門は設備投資が低調なこと、金融面で

は債務の返済を優先する傾向があることから、2007年度以降、巨額の資金余剰を計上している。

海外部門は恒常的に資金不足となっている。これは、国内部門全体が資金余剰をもつことを意味する。同時にこれは、日本が経常収支黒字あるいは金融収支の資本流出超過（純資本流出）をもつことに対応する。日本の経常収支黒字が近年縮小したとはいえ黒字を維持しており、これは日本からの純資本流出が続いていることを示す。

## ◆民間非金融法人企業（事業法人部門）の資金余剰の背景と企業金融の課題

日本のマネーフローにおける最も大きなゆがみは、事業法人部門の資金余剰にある。事業法人部門は通常、資金不足になるはずのところ、2007年度以降、日本においては巨額の資金余剰を計上している。資金循環勘定では、事業法人の海外での実物投資は海外金融資産に計上される。日本企業が国内の金融資産を取り崩し、対外直接投資として海外で実物資産を保有しても、金融資産全体の計上額に変動はない。

近年、日本企業は対外直接投資を活発化させているが、巨額の資金循環勘定における資金余剰はそのような一種の過大計上が一因になっているとの指摘がある（日本銀行調査統計局（2018）pp.15-16）。しかし、その要因を割り引いてみても、事業法人はほとんどの年で資金余剰を計上している。

日本企業の資金余剰は、しばしば批判される過剰な内部留保

と裏腹の関係にある。事業法人部門の資金余剰は欧米にもみられる世界的な現象だが、日本企業の資金余剰は名目GDP比5％にものぼり、欧米よりもかなり大きい。日本企業は設備投資に積極的になり、労働分配率を高めるべきとの論調には説得力がある。設備投資をせず、借金の返済を優先し、内部留保ばかりため込む事業法人は、債権者からみれば優良企業かもしれないが、マクロ経済の観点からするとその使命を果たしていない。

　事業法人の資金余剰は、事業法人の資金調達動向に反映される。日本企業の資金調達構造の変化をみると、1980年代後半のバブル期には内部資金（内部留保）調達と外部資金調達（借入金・社債・株式）がおおむね半々であった。ところが、外部資金調達はバブル崩壊後急減し、21世紀に入ってからはマイナス（返済超過）となり、その結果、資金調達総額が縮小した。まさに、事業法人の設備投資の低迷に伴い、事業法人をめぐる金融が収縮してしまった状況である。

　外部資金調達の内訳をみると、銀行借入れの長期低迷が続く一方で、長期金利の低下を反映して近年は社債発行が盛んになっている（第Ⅱ章参照）。しかしストックベースでは、民間非金融法人企業（事業法人部門）の外部資金調達（2019年9月末時点、日本銀行「資金循環統計：参考図表」（2019年12月20日）による）に占める借入れの比率は依然として45％あり、債務証券の7％、株式等の17％をはるかに上回る。長年の課題である間接金融依存からの脱皮は果たせていない。引き続き、直接金融、

あるいは市場型間接金融の育成が課題である。

## ◆家計をめぐるマネーフローの展望と家計の資金繰り（貯蓄率、資金余剰、金融資産）

　日本の家計の資金余剰は、趨勢的に縮小してきている。フランコ・モディリアーニのライフサイクル仮説に基づくと、各世帯の貯蓄率は世帯主の高齢化に伴い低下する。日本の場合はもともと貯蓄率が高かったため、高齢化の進行にもかかわらず貯蓄率は90年代までは10％程度の高水準を維持した。しかし21世紀に入り5％前後に低下し、雇用の悪化等により2012年頃からさらに急低下し、2013年度には一時的にマイナスに転じた。貯蓄率は、その後やや持ち直したが、今後はさらなる高齢化の進行により低下するとみられ、日本の家計の資金余剰はそれに伴い縮小すると予想される。

　今後、家計の資金余剰が縮小すれば、これは経済・金融環境に多様な影響を及ぼす。まず、日本国内の資金余剰（すなわち経常収支黒字）が縮小し、資金需給が引き締まり気味になり、その結果実質金利がやや上昇するであろう。今後については、新型コロナウイルス対策に伴う巨額の財政支出と税収減が予想される。また、事業法人部門の収益悪化も避けえないであろう。これに家計部門の資金余剰縮小が重なると、国内全体が資金不足（すなわち経常収支赤字）に陥る可能性もあり、その場合、実質金利はかなり高まる。これにより、金融機関の利鞘は回復するかもしれないが、信用力の低い中小企業等が国内資金

市場から締め出され、中小企業金融には負担が生じる可能性がある。

　また、家計部門の潤沢な資金余剰が事業法人や政府の資金需要に応える従来の構図が崩れ、マネーフローの方向性が変化すると予想される。ミクロレベルでは、家計が資金調達者に、事業法人が資金提供者に立つケースが増えるであろう。金融機関の顧客層、さらにはビジネスモデルに変革を迫ることにもなるであろう。

　一方、ストックベースでみた家計の金融資産残高は増加を続け、2019年9月末には1,864兆円に達している（日本銀行「資金循環統計」による）。負債残高の326兆円を引いた「純金融資産残高」は1,538兆円であり、金融市場での資金の出し手として絶大なプレゼンスを有し、この面においては、金融資産の中心を家計が占める構図は簡単には崩れないと予想される。金融資産の過半は高齢者世帯が保有しているが、今後の高齢者は年金会計や所得環境の悪化と医療費等の増加等により、金融資産の取崩しが進展する。資産運用、投資収益率に対する高齢者の意識が高まることが期待され、これも金融機関の営業戦略に多大な要求をもたらすと予想される。

## ◆異次元金融緩和政策の「成果」

　日本銀行は、過去20年間にわたり、超緩和政策を続けてきた。1999年2月に諸外国に先立ってゼロ金利政策に移行し、2001年3月からは量的金融緩和を実施した。2006～08年には一時的に量的金融緩和、ゼロ金利を解除したが、リーマン危機後は再びゼロ金利政策、量的金融緩和に戻った。

　2013年3月に就任した黒田東彦総裁は、安倍晋三政権の意向を受け、異次元金融緩和政策を進めた。2％の物価上昇率目標を掲げ、巨額の国債購入、ETF（上場投資信託）等のリスク資産の積極的な購入を進め、2016年1月には金融機関が日本銀行に保有する当座預金のうちの政策金利残高にマイナス金利を付与する「マイナス金利政策」に至った。2016年9月には、短期の政策金利だけでなく長期の金利にも誘導目標を設定する「長短金利操作付き量的・質的金融緩和」に移行し、現在に至っている。

　2013年以降の他に類をみないほどの量的金融緩和にもかかわらず、その成果は一向にみられない。旺盛な買いオペの結果、日銀当座預金は膨大に積み上がったが、銀行の国内向け貸出は低迷し、マネーストックはほとんど増えない（図表1－2）。したがって、名目GDPも低迷し、前述の物価上昇率目標（2％）

図表１－２　マネー関連指標の推移

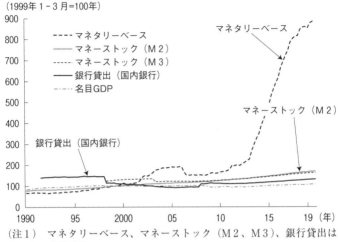

（1999年１-３月＝100年）

（注１）　マネタリーベース、マネーストック（Ｍ２、Ｍ３）、銀行貸出は四半期平残。
（注２）　いずれも1999年１-３月＝100とした指数。
（出所）　日本銀行「預金・マネー」データベース等により筆者作成
　　　　　https://www.stat-search.boj.or.jp/index.html

も達成されていない。日本銀行は過去７年間、手をかえ品をかえて緩和を模索してきたが、さすがにもう手詰まりである。

## ◆３つの弊害：金融機関の収益圧迫・債券市場の崩壊・財政規律喪失

　効果がないだけならさほど罪はないが、異次元金融緩和政策は看過できない弊害をもたらしている。

　第１に、金融機関の収益を削いでいる。マイナス金利は、金融機関に課税と同様の負担をもたらす。超低金利、とりわけマ

イナス金利が長期化することで、金融機関の運用金利は徐々に低下し、預貸金利鞘はゼロに近づき、信用コストを考慮すると採算割れしている可能性も高い。マイナス金利をこのまま放置すれば、地域金融機関が次々に破綻する、銀行業のビジネスモデルが行き詰まる、貸出市場が消滅する、といった事態に陥りかねない。

第2に、長短金利のイールドカーブが破壊されたことである。超低金利、とりわけマイナス金利が長期化することで、長期金利が0％近傍にまで低下し、長短の金利差がなくなった。日本銀行は2016年にようやく、「長短金利操作付き量的・質的金融緩和」を始めたが、そもそも長期金利を中央銀行が操作できるのかどうかは疑問である。イールドカーブが失われると、債券市場は衰退する。長期にわたる異次元金融緩和政策は、貸出市場だけでなく債券市場も殺している。

第3に、財政規律が損なわれる。中央銀行による国債の直接引受は、どの国でも禁じられている。日本でも財政法4条で禁じられている。しかし、現実には新規発行債券の多くがすぐに日本銀行に買い取られる構図が続いており、実態として中央銀行が国債を引き受けていることと大差ない。安倍政権は増税を嫌い、しばしば歳出を緩める傾向にあるが、その背景には、ゼロ金利政策のもとで国債発行に伴う利払いが極限まで少なくなり、日本銀行の国債買入れにより国債消化の懸念がほとんどない、という甘えがあることは明らかである。財政規律はすでに失われているというべきであろう。

異次元金融緩和政策はこのように、すでに金融機関に大きな負担を与え、債券市場を殺す等、多くの弊害をもたらしている。中央銀行は、物価の安定、経済成長だけでなく、金融システムの安定にも責任をもたねばならない。現在の日本銀行は、どう考えてもデフレ脱却に傾注し過ぎであり、健全な金融システムの維持、市場育成を軽視し過ぎである。まずマイナス金利を止め、量的金融緩和もテーパリング（中央銀行が金融資産購入額を徐々に減らす行為）で出口に向かわせ、何年か後には政策金利を1％以上に引き上げ、正常な金融政策・金融システムを取り戻してほしい。その過程で、銀行の貸出金利は底を打つであろうが、物価が安定しており、政策金利が1％程度にとどまるのなら貸出金利が急上昇することもなく、景気への悪影響を心配するほどではなかろう。金利上昇による円高を心配する向きもあろうが、国債金利が上昇し債券価格が下がる過程では、海外の日本国債需要が低下し、むしろ円安が進むかもしれない。いま行うべきは、マイナス金利の深掘りではなく、マイナス金利政策の解消と正常な金融政策への回帰である。

## 3　金融制度・規制の変革を促す内外の環境変化

### ◆プルーデンス政策に係る内外の潮流

金融当局の規制・監督は、この20年間に激変した。

金融技術革新の波と、銀証等の業態の垣根の低下に伴い、世界的に金融規制・監督の理念はルール・ベース、マニュアル・ベースからプリンシプル・ベースへ軸足を移してきた。この変化により、監督を受ける業者の対応はむしろむずかしくなった。マニュアルによる監督（含む検査・考査）は、時に金融機関の手足を厳しく束縛するものであったが、逆にいえばマニュアルに沿って対応すればすむ。これに対し、プリンシプル・ベースの監督では、各金融機関が自らリスク管理・ガバナンス構造を高度化し、自らの責任で律していかねばならない。金融機関は元来、高度なリスク管理と適正なガバナンスを求められているものであるが、それが金融機関の使命としてより重要性を増している。

また、超低金利の長期化により、金融仲介機関としての収益力が低下し、特に深刻な影響を受けている地域金融機関の再編を促進するために、金融当局はさまざまな施策を行っている。

海外からの波としては、バーゼル規制、すなわち金融機関の自己資本比率規制の影響力がより高まっている。1988年に先進

国間で合意に達したバーゼル規制は、1990年代の議論を経て改編され2004年にバーゼルⅡとして合意された。さらにリーマン危機を経て改編され2017年にバーゼルⅢとなり、いまや先進各国の金融規制・監督等の枠組みを構成している。この間、バーゼル規制の中身はより精緻かつ網羅的になったが、過度に複雑かつ恣意的に改変された面もあり、金融機関はその対応により多くの労力を要するようになり、負担も増した。

　バーゼル規制が、金融機関のプルーデンス（健全性）を高めるのか、金融システムの安定を図るための最良の規制であるかについては議論がある。しかしこれまでのところ、この規制に勝る重要な事前的プルーデンス政策（prudence policy）は見当たらない。したがって、今後もバーゼル規制が、主要国の金融規制・監督の中心になっていくと予想される。

## ◆フィンテックの急展開と金融機関経営、当局の規制・監督等

　昨今の金融システム上の環境変化のうち、最も重要かつ最も展望がむずかしいものは、金融とIT（情報技術）が融合したもの、すなわちフィンテック（FinTech、Financial Technology）である。AI（人工知能）、IoT（物のインターネット）、デジタル通貨、ビッグデータ等を用いた金融商品・取引・サービス（キャッシュレス決済を含む）の総称であり、さまざまなイノベーションを取り込みながら急速に多様化し拡大しつつある。

　フィンテックという言葉は、米国では1980年代にすでに使わ

れたことがあるようだが、一般に使われるようになったのは2008年のリーマン危機以降である。リーマン危機により伝統的な金融業が信頼を失うなか、折からのIT技術の進化を受け、インターネットやスマートフォンを活用する金融サービス・商品を提供する新興業者が米国等で誕生した。まず、インターネットを用いたEC（Electronic Commerce、電子商取引）が普及し、その資金決済部分でフィンテックが利用された。次いで、インターネットを用いた預金・送金等の銀行取引（インターネット・バンキング）や証券売買（証券ネットトレード）が普及した。その後、電子マネーが登場し、現金取引の代替手段として普及した。電子マネーは、当初の専用カードや交通系カードでの決済にスマートフォンでの決済が加わり、現在は多様な決済手段が提供されている。AI、IoT等、さらに、ビットコイン等の暗号資産が登場し、Facebookが運営するリブラ（Libra）や中央銀行デジタル通貨（CBDC）の構想もあり、キャッシュレス決済が急速に進展しつつある。

　フィンテックは当然、金融機関に経営改革を迫ることになる。近年は金融機関が既存のIT業者・SNS管理会社等と提携する事例が目立つ。金融当局の規制・監督等もそれに応じて変わらざるをえない。フィンテックを促進させつつ、同時に新たなリスクにスピーディーに対応しなければならない。

　激動のフィンテック時代のあるべき規制・監督の姿を、当局は模索中である。

# 4 産業構造転換・強化のための金融への要請

## ◆産業構造変化、先端技術革新の影響

　産業構造が経済発展に応じて第1次産業から第2次産業へ、さらに第3次産業へと変化することは、ペティ＝クラークの法則としてよく知られている。第1次産業に比べ第2次産業のほうが労働生産性を上昇させやすい。しかし第2次産業は、国民の所得向上に応じて労働コストも上昇し、次第に国際競争力を失う。さらに国民所得が向上して、知識・技術集約的な先端産業、非貿易財の国内サービス産業を含む第3次産業が雇用の受け皿となる。こうして、産業構造のシフトが生じることとなる。同時に、国民所得水準の上昇に応じて消費シェアが食料品から家具・家電・自動車等の耐久消費財、サービス消費の順に高まった。

　日本の産業構造は戦後も、このペティ＝クラークの法則に沿って変化してきた。1950〜60年代の高度成長期には農業から製造業に労働が移動し、旺盛な外需の牽引を得て製造業のシェアが高まった。1970年代には石油危機や為替レートの上昇により経済成長は鈍化したが、競争力の高い機械産業を中心に輸出・生産の拡大を果たし、第2次産業の就業者シェアも維持された。しかし、1990年代に入りバブル崩壊による経済減速、IT

技術の進展、新興国の躍進等に伴い、既存の加工組立型製造業が海外シフトし、生産シェアを低下させた。この結果、情報通信業、サービス産業等第3次産業の生産シェアが拡大した。

こうした産業構造変化は、地域経済の疲弊と大都市集中をもたらし、金融機関の顧客市場をも変化させた。

まず、農業の長期的なシェア低下は、農業協同組合をはじめとする農林系金融機関の融資の低迷をもたらした。しかし農家の貯金等を原資とする農林系金融機関の資金量は、農家の資金需要ほどは縮小せず、以降、農林系金融機関は金融市場において資金の供給主体として位置づけられるようになった。

次に、製造業の立地変化も、金融機関の顧客市場に影響した。高度成長期の初期には、三大都市圏海岸の大規模港の周辺に鉄鋼・金属業、化学、軽工業等が立地し、生産を拡大した。この結果、三大都市圏を地盤とする都市銀行や大都市圏の地方銀行が業績を伸ばした。しかし、高度成長期末期から安定成長期には、内陸部の地方に大型工場を立地することの多い電気機械、自動車等の加工組立製造業が生産シェアを伸ばした。その結果、大都市圏から外れた地方の金融機関にも多くの収益機会が生じた。しかし、1990年代以降の第3次産業化、サービス産業化、軽薄短小化は、企業の東京と地方中核大都市への集中を招き、これは地域金融機関の多くのビジネスチャンスの縮小をもたらしている。

## ◆中小企業の過保護是正と抜本変革への要請

　古今東西を問わず、中小企業は大企業に比べて収益力が弱い。日本銀行企業短期経済観測調査（日銀短観）の景況感をみても、中小企業の景況は大企業を恒常的に下回っている。これは規模の経済（Scale Merit）により説明できるが、時代を追うごとにその傾向が強まっている。技術革新の進展により研究開発投資の重要性が増したこと、IT産業等ネットワーク効果（製品・サービスの利用者が増加するほどその製品・サービス提供者の競争力や事業価値が高まること）が高い業種にて "Winners take all"（勝者総どり）が進んだこと等により、IT技術や工程管理の革新は、中小企業にとってより不利な状況となった。

　1980年代後半のバブル期には、経済成長が高まるなかで中小企業の収益機会も拡大した。不動産価格が上昇し、不動産を保有する中小企業は担保価値上昇を背景に銀行からの積極的融資を受け多くの投資を行い、銀行の中小企業向け融資の比率が高まった。これには、大企業が証券市場での調達、特に転換社債やワラント付社債等の株式関連のエクイティ・ファイナンスを活発化させ、銀行借入れを減らしたことも大きく影響した。地価は、バブル期には大都市圏だけでなく地方でも上昇したため、中小企業の金融活動は地方でも活発であった。

　それが、バブルが崩壊した1990年代以降、中小企業は経済成長鈍化の悪影響を強く受けることになる。また、担保価値低下と金融機関の収益力低下、それに伴う自己資本比率低下によ

り、金融機関からの融資の抑制、いわゆる貸渋りの打撃を強く受けるようになる。

2000年代に入り金融システムが安定化した後は、貸渋りのような目立った金融収縮はなくなったが、中小企業が金融面で劣位にあり、資金繰りが厳しい状況は続いている。特に2008年のリーマン危機を経た直後のような厳しい金融環境においては、銀行からの資金調達も証券調達も困難な中小企業の資金繰りは圧迫された。

こうしたなか、政策面では従来以上に中小企業金融に対する手厚い保護がなされた。信用保証協会の保証は、一時期、小泉純一郎政権下で縮小し正常化の過程にあったが、リーマン危機後の政権によって再び過剰となり、現在も諸外国に類を見ない手厚いものとなっている。2009年には、中小企業からの申込みに応じて金融機関に貸付条件の変更を求める「中小企業金融円滑化法（中小企業者等に対する金融の円滑化を図るための臨時措置に関する法律）」(2013年期限)、いわゆる貸渋り・貸剥がし防止法が成立し、中小企業の資金繰りを支えた。この法律によりモラルハザードが発生する、同法の適用を受けた中小企業の破綻が増加する弊害が生じ、「本来退出すべき「ゾンビ企業」がいたずらに延命されている」という認識が、金融専門家だけでなく一般にも浸透するに至った。

「ゾンビ企業」の中心はいうまでもなく低収益あるいは赤字の中小企業であり、これが日本の産業構造、ひいては現在の日本経済の、生産性・成長力の低さの根本原因となっている可能

性がある。

　日本は諸外国に比べて中小企業の経済・社会におけるプレゼンスが高い。日本の中小企業は、企業数では99.7％、従業員数では約７割を占める（詳細は第Ⅱ章第２節参照）。これは米国・英国はもちろん、中小企業が多いとされるフランスやドイツよりも高い。英米での中小企業は創業間もない企業や個人事業主が中心であり、ベンチャー（以下、本書において、革新的な新興企業を指す。スタートアップとも呼ぶ）の多くは倒産し、際立って成功するベンチャーはあっという間に大企業に育っていく。これに対し、日本では従業員をある程度抱える中小企業が、長期にわたり同様の規模で歴史を重ねる例が多くみられる。これは日本の中小企業が、税制や補助金あるいは金融面で過剰に保護されていることを示唆する。また、日本の中小企業の全産業内のシェアは、付加価値では45％、売上高では36％にとどまっており、これは中小企業の低生産性を示す。

　日本経済が成長力を取り戻すためには、中小企業の淘汰を進め、「ゾンビ企業」には退出してもらわねばならない。その際、金融機関の中小企業金融ビジネスがどう変革すべきか、といった議論が重要性を増す。さらに中小企業の比率の高い地方経済においては、そうした産業変革のなかでどう変わるべきかが悩ましいテーマとなろう。当然、地域金融機関のビジネスモデルにも変革を迫ることになる。

# 5 金融は主体的に経済・社会の発展に資する使命あり

## ◆金融は実体経済の黒子から経済をリードする役回りに

　1980年代半ばまで金融は、実体経済の影、黒子であった。あくまで財・サービスの生産と所得分配、消費活動が主役であり、そうした生産・分配・支出の三面等価の円滑な流れを、金融は資金仲介機能と支払決済機能を通じて支える脇役であった。もちろんこうした基本構図は永遠に変わらないが、1980年代後半の世界的な規制緩和のなかで、金融市場の変動と影響力が増し、金融が実体経済をリードし、時に振り回す傾向が高まった。良くも悪くも、「尻尾が胴体を振り回す」現象が顕著となった。たとえば、世界各地で次々に起こる金融危機・通貨危機、バブルの形成・崩壊は、まさに金融が実体経済を振り回す好例である。

　こうした状況を金融市場化と呼ぶ。この金融市場化を眉をひそめてみる向きもあろうが、それは生産的ではない。情報化、IT技術の発展、グローバル化といった世界潮流は、それがさまざまな弊害をもたらし疲弊させるものであっても、これを逆戻りさせることは現実的には不可能だからである。逆戻りできないのであれば、そうした潮流を制御し、そこから生まれる弊

害を最小限にするしかない。

　まず、金融のプルーデンス政策（金融システムの安定・秩序維持を目的として、金融機関の破綻防止、健全性維持、預金保護、決済システム保護等を図るための政策の総称）において、そうした金融主導の姿勢が求められる。バブルの形成・崩壊の過程では金融の果たす役割はきわめて大きい。バブル形成時には、資産価格の不合理な上昇がみられ、企業や個人の過剰債務が生じる。そしてバブル形成の背景には、過度の金融緩和がある。現下の世界経済をみると、中国や新興国において過剰債務が不気味に積み上がっている。そうしたバブルをいち早く察知し、中央銀行の金融政策（金融調節）がそれを正す方向で運営されねばならない。このように、従来ミクロの金融健全性を希求するプルーデンス政策にマクロ経済の視点を加え金融調節をも包含する「マクロ・プルーデンス政策」の重要性が増す。金融危機が発生してからの対応については、1990年代末の日本、2008年のリーマン危機の経験をもとに、世界的に対応が進歩し確立されてきている。通貨危機について、1997年のアジア通貨危機、2013年のフラジャイル5（ブラジル・レアル、インド・ルピー、インドネシア・ルピア、トルコ・リラ、南アフリカ・ランド）の急落による危機を経て、より安定的な通貨制度や国際金融支援の体制等が整備され、近年は大きな金融危機には発展しにくくなった。しかし、バブルの形成を未然に抑制するためのより重要なマクロ・プルーデンス政策については、いまだに世界のコンセンサスが得られていない。

## ◆日本経済の諸課題における金融面の課題

　日本経済にとっての重要な課題である、起業・ベンチャーの育成についても、金融面での先導が重要である。もちろんハイテク技術の育成や、起業・ベンチャー経営を容易にするための規制緩和や法制度整備、さらには起業者の層を増やすための労働市場の変革も重要だが、起業・ベンチャー発展を促進するための金融面の役割も大きい。特に家計の潤沢な金融資産を、ベンチャーに向かうリスクマネーにいかにして誘導するかは重要な課題である。同時に、日本の中小企業の多くにみられる疑似資本（満期返済をせず借換えにより継続的になされる短期借入れであり、実態的に資本の性質をもつためこう呼ばれる）を株式調達（自己資本）に変換していくことも、成長性のある中小企業を育成するために重要な視点である（詳細は第Ⅱ章第2節参照）。これは同時に、融資先が先細る地域金融機関が、地域ファンドや傘下のファンドを通じて疑似資本を代替する株式に投資するという新しいビジネスモデルの形成にも資することになろう。

　今後、高齢化に伴い年金等社会保障財政が逼迫度を強め、高齢者の家計の不安が高まることは間違いない。これはいくら「100年安心」といった美辞麗句を繰り返しても解決できるわけではない。そうした問題に対しては増税や年金制度の絶えざる見直し等の財政面での対応が不可欠だが、経済成長が限定的で少子化が続くなかでは、それも限界がある。

　貴重な年金積立金を運用高度化により少しでも増やし、壮年

期からの自助努力により老後の家計を改善させるような金融面でのサポートも重要である。具体的には確定拠出年金の普及、老後のための資産形成をサポートする金融システムが重要である。

　フィンテックについても、日本は多くの課題を抱える。IT技術は今後も飛躍的に発展し、経済・社会に否応なしに変革を迫るであろう。そこには多くのビジネスチャンスがあり、そうしたビジネスチャンスを生かすべく金融は資金を回していかねばならない。同時に、金融とITとの融合であるフィンテックに対し、金融界は脅威ととらえるのではなく、積極的に関与し、共生していかねばならない。現状では電子決済分野においてIT業者とメガバンクが提携する動きが出てきたが、これは好ましい。また、金融取引や決済の安全性・公平性に関するさまざまな法規制も、フィンテックの促進の観点から柔軟に見直していかねばならない。

　日本経済が直面する諸課題について、金融が果たす役割は少なくない。

【参考文献】
・日本銀行調査統計局・金田規靖・佐藤嘉子・藤原裕行・鈴木純一「資金循環統計からみた最近のわが国の資金フロー」『BOJ Reports & Research Papers』2018. 5
・益田安良『「わかりやすい経済学」のウソにだまされるな！』ダイヤモンド社、2013
・益田安良・浅羽隆史『改訂　金融経済の基礎』経済法令研究会、2017

・益田安良『中小企業金融のマクロ経済分析』中央経済社、2006
・村田啓子「第2章　大きく変化した日本経済の部門間バランス」
　　鶴光太郎・前田佐恵子・村田啓子『日本経済のマクロ分析』日
　　本経済新聞出版社、2019
・家森信善『金融論〔第2版〕』中央経済社、2018

第 **Ⅱ** 章

# 企業金融における
# ゆがみと活路

第Ⅰ章でも述べたように、日本の企業部門は過剰な内部留保を蓄積し、これが労働分配率の継続的な低下を通じて経済成長を抑制するとともに、企業の資金需要の減少を通じて金融機関の投融資先を細らせ、金融機関のビジネスモデルをも侵している。企業がより積極的に設備・研究開発投資を行い、企業部門が再びマクロベースでの資金不足に転じるようでなければ、日本経済に活気は戻らない。他方、ミクロレベルでは、資金調達に難渋する企業がほとんどである。本章では、企業が活発に事業を展開するための資金調達環境について、その動向を追い、課題を考察する。

# 企業の資金調達の内訳

## ◆金融機関借入低迷の現状

　日本の事業法人の外部資金調達（フロー）は、1990年代のバブル崩壊後減少し、21世紀に入ってからはマイナス（返済超過）となっている。近年、超低水準の長期金利を反映して社債発行が増加したが、企業の資金調達の中心に位置する銀行借入れは、低迷を続けている。

　ストック（残高）ベースでは、株式や社債は長期的に徐々に拡大してきているが、バブル崩壊後の外部資金調達残高全体の縮小をもたらしたのは金融機関借入れ（含む受取手形割引）で

あることがわかる（図表２－１）。企業間信用もやや縮小したが、意外に安定的な規模を維持している。

　なお、法人企業の2018年度末の外部資金調達残高（合計850兆円）の内訳は、株式が107兆円（外部資金調達全体の12.6％）、社債が77.4兆円（同9.1％）、金融機関借入れが356兆円（同41.9％）、その他借入金が133兆円（同15.7％）、企業間信用が176兆円（同20.7％）である（図表２－１）。株式・社債といった証券を用いた直接金融は少しずつ浸透してきたが、相変わらず銀行経由の間接金融中心の金融構造を残している。

図表２－１　法人企業（金融・保険業を除く）の外部資金調達残高

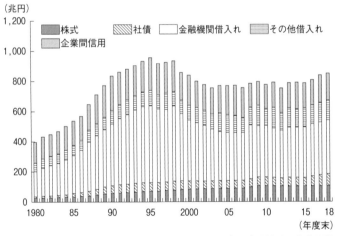

（注）　金融機関借入れ＝長期借入れ＋短期借入れ＋受取手形割引。企業間信用＝支払手形＋買掛金
（出所）　財務省・財務総合政策研究所「法人企業統計調査」データベースにより筆者作成
　　　　https://www.e-stat.go.jp/dbview?sid=0003060791

## ◆中小企業向け貸出の停滞が顕著

　民間金融機関の貸出残高は、リーマン危機の後の2009〜11年には大きく減少したが、2012年以降拡大基調を取り戻し、以降、前年比2〜3％の伸びを続けている（図表2−2）。内訳をみると、個人向け貸出は安定的ながら徐々に伸び率を低下させ、大企業・中堅企業向けは2013〜15年と2018年を除くとほとんど増加に寄与していない。2014年以降の貸出残高の伸びを支えていたのは中小企業向け貸出であるが、中小企業向けも近

図表2−2　金融機関の貸出部門別貸出残高（前年同期比）

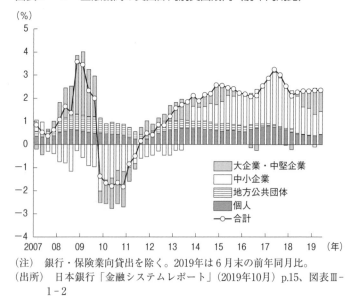

（注）　銀行・保険業向貸出を除く。2019年は6月末の前年同月比。
（出所）　日本銀行「金融システムレポート」（2019年10月）p.15、図表Ⅲ−
　　　　1−2
　　　　https://www.boj.or.jp/research/brp/fsr/data/fsr191024a.pdf

年、顕著に増勢が鈍化している。

　その背景には、企業の資金需要の弱さとともに、長引く金融緩和に伴い銀行の預貸金利鞘が縮小を続け、銀行を通じた金融仲介機能が細ったことがある。加えて、2018年度頃から、地域金融機関（地方銀行、信用金庫等）の信用コストが顕著に増加している（詳細は第Ⅴ章参照）。信用コストがこのまま増加すると、預貸金利鞘がほぼ０％に低下したなかでは、銀行は国内貸出ができない。銀行からの借入れの縮小は、企業をめぐるマネーフロー全体の縮小に直結し、企業部門の金融市場でのプレゼンスはさらに低下する懸念がある。

## ◆眠りから覚めた社債市場に死角はないか

　銀行からの借入れが細る一方で、借入れの代替調達手段に位置づけられる社債の発行が増加している。国内での普通社債発行額は、2016年から増加に転じ、2019年には14兆円強と1998年の13兆円を上回る高水準となった（図表２－３）。社債発行残高も増加を続け2019年末には69兆円にのぼっている。

　このような社債発行増加の背景には、超低金利がある。国債10年物金利がマイナスを記録するなかで、社債金利も継続的に低下し、2019年秋には発行利回りがほぼ０％の優良企業の社債が誕生した。こうした社債ブームは世界的なものである。M&Aの活発化を背景に、その資金調達手段として発行された社債も多い。

　こうした低利での社債発行は資本コストを引き下げ、企業の

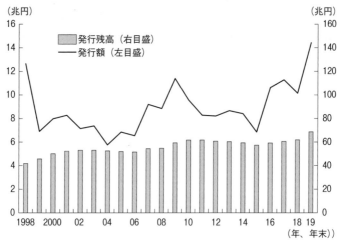

図表2−3　普通社債の発行額・発行残高の推移

（出所）　日本証券業協会「公社債発行額・償還額等」により筆者作成
　　　　　http://www.jsda.or.jp/shiryoshitsu/toukei/hakkou/index.html

　経常利益に貢献すると同時に設備投資の促進材料となる。長期
の固定金利である社債発行は（発行時の固定費用が大きいため大
企業に限っての効果であるが）、銀行借入れと比較して金利低下
のプラス効果は小さくない。

　他方、負債である社債発行に頼った資金調達は、株式発行と
比較して、大企業のレバレッジを高め、財務の不安定性、ひい
ては経済の不安定性の遠因となりうる。上場企業（除く金融）
2,800社の有利子負債は、2019年9月末には251兆円にのぼり、
これは2015年当時より1割以上大きい。財務レバレッジの高さ
を示す負債資本倍率（DEレシオ＝有利子負債／自己資本）は

2019年9月末で0.67倍となり、これは1年前より0.05ポイント高い。ただし、米主要企業のDEレシオは0.9倍程度であるから、日本はその7割強にすぎない。

　日本企業はバブル期には株式、転換社債、ワラント付社債等のエクイティ・ファイナンスを旺盛に行い、バブル崩壊後にはバブル期に積み上げた債務の返済に窮した。その後遺症が現在まで続き、これが企業部門の資金余剰と設備投資不足につながっている。現時点で社債発行バブル、企業の過剰債務を心配する必要はないであろうが、このままあと数年社債発行が増加し続け、DEレシオが1に近づくようであれば、バブルを警戒する必要が出てくるであろう。

　もう一つの懸念は、社債発行の増加と長期金利の低下を背景に、社債の質が低下してきたことである。投資家にとっては、超低金利（あるいはマイナス金利）に陥った主要国の国債や優良企業の社債はもはや投資対象としての魅力に乏しく、格付の低い社債や発展途上国の国債に資金が集まりがちとなる。世界の発行社債の格付別比率をみると、AAA格とAA格は、2016年には約2割を占めていたが、2019年には1割に低下した。逆に投資適格債の最低格付のBBB格社債は2016年には4割ほどであったが、直近では過半となっている。最近は投資不適格のBB格以下のハイイールド債の発行も増えている。

　また、社債の償還年数の長期化も目立つ。最近は、償還年数50年もの社債まで登場した。投資家が少しでも高い利回りを求めるため、このような超長期の社債も消化される。しかし、常

識的には50年間の民間企業のデフォルト・リスクを展望することは不可能である。遠い将来に、超長期債が市場でのしこりになることがなければよいがと危惧するものである。

## ◆株式調達は実は停滞

企業の資金調達の基本は株式発行である。特に大規模な設備・研究開発投資や新規事業への進出、M&A（合併・買収）等の長期資金は、負債ではなく株式で調達するのが筋である。もちろん、実際の調達は株式調達の資本コストを社債や借入等負債コストと比較してなされ、現在の超低金利のもとでは優良企業は負債での調達に傾斜しがちとなる。

実際、日本銀行「資金循環統計」で民間法人企業部門の負債をみると、2019年9月末の社債残高は前年同期比8.6％、借入れも前年同期比4.1％増加しているのに対し、株式等の残高は2018年9月以降前年比減少を続け2019年9月末にはマイナス（▲）1.4％となっている。

また、東京証券取引所上場企業の株式での資金調達額（増資、優先株式発行等）は、2009年には5.7兆円であったが、その後減少を続け2015年以降は1兆円前後で一進一退である（図表2－4）。企業の株式での資金調達は低調であり、こうした状況が続く限り旺盛な設備・研究開発投資は望めない。今後も超低金利が是正されない限り、株式調達が主流になることはないであろうが、市場改革等できるところから株式市場の高度化を進める必要がある。

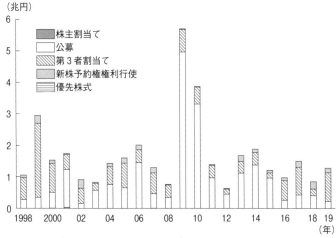

図表2－4　東京証券取引所上場企業の株式での資金調達額の推移

（出所）　日本取引所グループ「統計情報：上場会社資金調達額」により筆者作成
　　　　https://www.jpx.co.jp/markets/statistics-equities/misc/tvdivq
　　　　0000001wij-att/historical-sikin.xls


　株式市場におけるもう一つの懸念材料が、近年、持ち合いの解消が止まっていることである。株式の投資部門別株式保有比率の推移をみると、1990年代には外国法人と信託銀行（含む投資信託）が急上昇する一方で、事業法人と銀行・保険等が急低下している（図表2－5）。これは、時価会計の導入と、株式持ち合いの解消の現れである。銀行の株式保有減少については、バーゼル規制の導入により株式保有の負担が高まったことが要因に加わる。

　しかし、2005年頃から、株式持ち合い解消の波が止まり、一

図表2−5　株式の投資部門別株式保有比率の推移

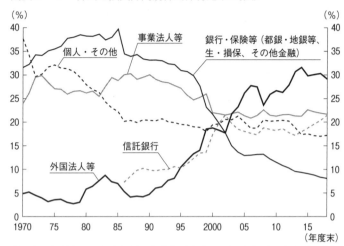

(注1)　信託銀行は投資信託・年金信託を含む。国内主要4取引所の時価総額合計。

(注2)　1985年度以前の信託銀行は、都銀・地銀等に含まれる。

(注3)　2004〜09年度はJASDAQ証券取引所上場会社分を含み、2010年度以降は大阪証券取引所または東京証券取引所におけるJASDAQ市場分を含む。

(出所)　日本取引所グループ「2018年度株式分布状況調査の調査結果について」(2019年6月23日) p.5
　　　　https://www.jpx.co.jp/markets/statistics-equities/examination/nlsgeu0000043n00-att/j-bunpu2018.pdf

部で同業者(ライバル会社)間の株式持ち合いが復活した。これは2003〜06年にかけて株価が急上昇するなかで他社の株式保有の収益率が高まったことと、M&Aが活発化し株式持ち合いによりM&A防衛を図ろうとしたことが要因にあげられる。しかし、これはナンセンスである。他社の株式保有の利益率が表面的には高くみえても、持ち合う企業の両方がそうした状況を

享受することはありえない。また、M&Aに対しては、日本では経営者がその防衛に躍起になるが、そもそも主たる株主が交代するだけのことであり、株主（Principal）の代理人（Agent）にすぎない経営者が株主の意向をふまえずにM&Aを無条件に防衛するのはおかしい。

株式持ち合いの解消は、企業グループ間の結束、企業とメインバンクとの関係を希薄にすることを示し、これは日本的な強固な産業構造を是とする立場からは残念な事象であろう。しかし、IT等新技術が乱立するなかで、より柔軟にビジネスを展開していくためには、企業グループやメインバンク制は邪魔である。また、株式の持ち合いは自社の事業より所有する他社の株式の収益率が高いとき初めて是認されるものであり、そうした他力本願で好都合な状況が持ち合い会社の両方で成立することはありえない。また、株式持ち合いは、経営者のモラルハザードを生みやすい。株式持ち合いは、時間をかけてでも、地道に解消したほうがよい。

## ◆M&Aの興隆と買収ファンド

日本企業の設備・研究開発投資が盛り上がらない原因の一つに、企業が自社での投資よりもM&Aを優先して事業拡大や新規事業参入を図る傾向が強まったことがあげられる。この戦略は「時間を買う」と表現され、効率性、スピード、確実性、特許等の知的財産権の障壁回避等利点が多い。もちろん、買収先企業に関する正確な情報を得にくいこと（情報の非対称性）、合

併や子会社化の後の統治・管理がしばしば困難なこと等、デメリットも少なくない。自社での投資とM&Aのいずれを用いて事業拡大や新規事業参入を果たすかは、これらメリット／デメリットを総合的に判断したうえで選択することになる。ただし、一般論として、技術革新の進展に伴って、自社での開発コストと時間が拡大したこと、知的財産権保護が強化され先端技術を後発で利用することが困難になったこと、持株会社に関する制度整備により風土やシステムの異なる子会社の統治が容易になったこと等から先端技術分野を土俵とする大企業は、M&Aによる事業拡大・多様化を選択することが多くなった。ちなみにGAFA等のIT分野の大企業等は、次々と優良ベンチャーを買収し、総合的な技術力と市場シェアを高めている。

　M&Aにあたっては、買収企業が社債発行や銀行借入れ、増資等で資金手当をして被買収企業の株式を取得して買収する場合と、買収ファンド（Private Equity Fund）から被買収企業の株式を買い取るケースがある。世界的な技術革新とM&Aの進展に伴い、買収ファンドのプレゼンスはますます増している。

　英国Preqin社の調査（https://docs.preqin.com/press/PE-Update-Jan-20.pdf）によると、世界の投資ファンドの買収取引額は、リーマン危機直後の2009年には1,000億ドル強に落ち込んだが、その後急拡大を続け2018年には4,930億ドルにまで拡大したとのことである。2019年には、米中貿易摩擦等により世界経済が不安定となり買収取引額は3,930億ドルに縮小したが、長期的には世界の買収ファンドの活動は上昇トレンドにあ

る。リーマン危機後の世界的な低金利のなかで、10％近くの投資収益率を期待できる買収ファンドは投資対象としてきわめて魅力的であり、これが買収ファンドの拡大を支えている。

　買収ファンドを通じたM&Aは、企業部門に銀行等の金融機関や証券市場以外のルートで資金が流入することを意味し、これはいわばシャドーバンキング（証券会社、ファンド他の非銀行金融機関による金融仲介）である。このファンド経由のマネーには、中央銀行の金融調節も、金融プルーデンス政策も及びにくい。したがって、仮にファンド経由の資金がバブル形成に加担しそうになっても、これを抑えることは困難である。こうしたシャドーバンキング問題は、1980年代後半の日本でも、2004〜06年の米国でも、2010年代の中国でも生じた。シャドーバンキングを通じたバブル形成を抑制するためには、ファンド等への資金流入を直接規制することが必要である。現状ではM&Aにも、設備・研究開発投資にもバブルが形成されているとは思えないが、将来、バブルの様相が強まったときには、それを制御できるようにしておく必要はある。

## ❷　中小企業金融の根本問題

　ここで述べる中小企業は、長年にわたって小規模にとどまって営業を続ける独立系の企業を指す。一般に統計においては、中小企業基本法の定義に基づき資本金・従業員数が一定以下の

企業を中小企業とするため、前述の典型的な中小企業だけでなく、創業初期のベンチャー、大企業の子会社、専門職の事務所等も含まれうるが、本稿ではこうした企業は対象としない。

## ◆中小企業は金融面で阻害されやすい

中小企業は、常に弱い存在である。物流やサプライチェーンのメガ統合の奔流のなかで、大企業は中小企業のシェアを奪って拡大していく。残された中小企業は、フランチャイジー(加盟店)や子会社となって大企業の傘下に入るか、廃業するしかない。日本銀行企業短期経済観測調査（日銀短観）等のあらゆる景況感調査において、中小企業は常に大企業の後塵を拝している。信用力が乏しいため、資金繰りも常に大企業より厳しい。

その第1の理由は、規模の経済（Scale Merit）である。近年のIT化、AI（人工知能）・キャッシュレス決済・EC（Electronic Commerce、電子商取引）の進展のなかでは、かなりの額のシステム投資をしないと生産効率を高められない。それどころか、それらに対応しないと顧客を維持することもできない。必要なシステム投資の売上高や資本金に対する比率は、おのずと大企業より中小企業のほうが大きくなる。

金融面でも規模の経済がある。銀行の1件当りの与信経費は、巨額の融資でも小口融資でも大差はない。よって与信金額当りの与信経費は、与信金額が増えるに従い逓減する。この結果、小口の中小企業向け与信は、「手間がかかる」ぶん、コス

ト高と認識される。資本市場ではさらに規模の経済性は深刻である。たとえば、公募社債発行には、一定の手数料、格付取得費用等の高額の固定費がかかる。このため、中小企業にとって社債、CPでの資金調達は事実上不可能である。かつて2000年代前半、私募の小口社債（中小企業特定社債）の発行が少し増加したこともあったが、定着はしなかった。このため、1990年代末の日本や2008年のリーマン危機の際等には、銀行経由の資金供給が極端に細り、証券調達の道のない中小企業は苦境に陥りやすくなる。

　第2の理由は、中小企業は与信者との間の情報の非対称性（貸し手は借り手の信用力を借り手自身ほどにはわからない）が大きいことである。上場企業は、財務情報等の詳細な企業情報の開示が義務づけられており、情報利用者も上場企業の情報に信認を置いている。しかし、非上場企業は、情報開示を義務づけられないので、情報開示に消極的である。「意識の高い」非上場企業は、自ら上場企業に劣らない情報開示を行うが、情報利用者は非上場企業の開示情報に高い信認を置かない。また中小企業にとっては、同じ水準の情報を開示するためのコストは大企業より大きな負担となる。銀行等の貸し手は、情報の非対称性を埋めるために信用調査や審査等の情報生産を行う（金融仲介機関は情報生産の対価として利鞘を得る）。中小企業に対する与信に係る情報生産コストは、公開情報が統一的に把握できる大企業に比べて大きくなる。そのコストは、貸出金利に上乗せされるため、中小企業の借入金利はそのぶん高くなる。さらに中

小企業が自ら情報の非対称性を縮小するために、決算説明、地域活動、銀行との交流等シグナリング（情報開示）を積極的に行えば、これもコストがかかる。このコストも、事業規模が小さい中小企業にとっては重い負担となる。

## ◆中小企業が保護されやすい理由

一方で、中小企業全体でのプレゼンスは高い。しばしば、「日本企業の99％は中小企業である」といわれるが、これは事業所数ベースでは正しい。日本の中小企業の全産業（非1次産業）に対する割合をみると、企業数では99.7％を占める（2016年時点、総務省・経済産業省「経済センサス基礎調査・活動調査」により中小企業庁集計）。従業員数では、中小企業は68.8％を占める（2016年時点、総務省「事業所・企業統計調査」により中小企業庁集計）。これは米国・英国はもちろん、中小企業が多いとされるフランスやドイツよりも高い（久保田則男「欧米主要国の中小企業向け政策金融」『中小公庫マンスリー』2005.7、p.20のデータにより筆者推計）。

しかし、中小企業の日本の産業界全体におけるシェアは、売上高では36％、付加価値では45％と、従業員数でのシェア（70％）の半分程度である。これは、中小企業の労働生産性が日本企業全体の生産性の半分程度しかないことを示している。さらに、中小企業のシェアは営業利益では19％、直接税支払額では26％であり、これは中小企業の収益性の低さを示している（上記数値は、財務省「法人企業統計年報」ベース、益田（2006）

p.19による）。

　中小企業は、事業所数や従業員数で高いシェアを占めるだけでなく、以下の諸要因により注目度が高くなる。

　第1に、銀行にとって中小企業は最も重要な顧客である。1980年代の金利の自由化、金融の自由化、証券市場の整備により、大企業の資金調達は借入れから社債・CPにシフトし、預貸金利鞘が低下した。このため、大手銀行（当時の都市銀行・信託銀行・長期信用銀行）は、借入れの需要があり、貸出金利が相対的に高い中小企業市場に貸出をシフトした。地域金融機関は、従来から中小企業を主たる取引先としてきたが、大手銀行は中小企業金融に習熟していなかったこと、拠点が少なく審査に手間暇をかけられなかったことから、大手銀行は不動産担保融資に傾注し、これがバブル経済を加速させることになった。バブル崩壊後、大企業は銀行から離れたが、いまなお中小企業は、地域金融機関はもちろんメガバンクにとっても最も重要な与信先である。ただし、その中小企業向けの貸出金利も低下し、銀行は国内では収益源を失いつつある。国内銀行の貸出約定平均金利（新規、総合）は、2000年（平均）には1.8%であったが、2019年には0.66%に低下している（日本銀行統計）。都市銀行の貸出約定平均金利（新規、総合）も2000年の1.7%から2019年には0.56%に低下している。信用コストや経費を考えれば、もはや採算がとれない低水準となっている。

　第2に、中小企業は貸渋りの対象になりやすい。1990年代末の金融危機の際には、銀行等の自己資本が低下し、バーゼル規

制のもとで銀行はリスク資産を圧縮せざるをえなかった。いわゆる貸渋りである。その際、信用力が劣り（リスクが高く）、小口である（倒産した場合の貸し手の損失額が小さく追い貸しの必要が少ない）中小企業向け貸出債権がどうしても優先的に資産圧縮の対象となる。バーゼル規制では、二度の改定によりリスクアセット算出におけるリスク感応度はさらに高まっているため、今後、自己資本不足に陥った銀行は高リスクの債権から圧縮する傾向が強まる。中小企業は、従来よりも貸渋りの対象となりやすくなっている。

　第3は、中小企業の政治力が大きいことである。たとえば、日本企業の社長すべてのうちの99％は中小企業の社長である。仮に、選挙の際に選挙区の産業・企業にとって好ましい政策を行い利権や事業を誘致することによって経営者層から票を獲得しようとすれば、中小企業の経営者をターゲットにするのが有効である。このため、いずれの政党も中小企業を重視し、「中小企業を守る」といった公約を掲げることになる。その結果、中小企業に対して（大企業との対比において）過剰な保護、優遇策が施されることになる。

## ◆中小企業の自己資本比率の低さの原因

　中小企業は、生産効率が低く収益率が低く、金融面でも阻害されることが多いが、そのプレゼンスはきわめて高く、政策面等で保護され、優遇されている。この結果、日本は中小企業の比率が米英仏に比べて高く、いつまでも小さいままの社歴の長

い中小企業が存続できることになる。

　さらに、日本の中小企業には「ゾンビ企業」（自由競争のもとでは本来淘汰されて然るべき低収益だが生存している企業）が多い、という指摘もしばしばなされる。

　「ゾンビ企業」がどの程度存在するかは不明ながら、業績が悪い企業に長年にわたって過剰な保護がなされていることは疑いない。その傍証となるのが、中小企業の過少資本である。

　日本企業の自己資本比率（全規模）の推移をみると、1980年には15％であったが徐々に上昇し、21世紀に入り急速に上昇し、直近では40％以上となっている（図表2－6）。この背景には、諸外国に比べて著しく自己資本比率が低かった日本企業が、経済のグローバル化のなかで世界標準に擦り寄るために努力したこと、過剰債務の修正過程で資産・負債をバランスシートの両建てで削減を図ったこと、等の結果であろう。しかし、資本金1,000万円未満の中小企業だけは、自己資本比率は15％前後で低迷している。

　中小企業の自己資本の低さの理由としては、次の3点が考えられる。

　第1に、前述のとおり中小企業の収益力が乏しいことである。すなわち、自己資本比率を上げたくても内部留保が乏しく上げられない状況である。そういう状況が続けば、確率的には多くの中小企業が廃業・倒産するはずであるが、現実にはそうはなっていないことから「ゾンビ企業」疑惑が生ずる。

　第2は、自己資本比率の低さを可能にする銀行融資の存在で

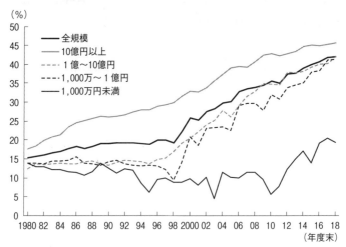

図表2－6　法人企業（金融・保険業を除く）の企業規模別自己資本
　　　　　比率

（注）　自己資本比率＝（純資産－新株予約権）／総資本×100
（出所）　財務省·財務総合政策研究所「法人企業統計調査」データベース
　　　により筆者作成
　　　　https://www.e-stat.go.jp/dbview?sid=0003060791

ある。それは、短期貸出の借換えを長期にわたって繰り返し、
根雪のようにベースに残る銀行借入れ、いわゆる「疑似資本」
である。この疑似資本は、借入れ（負債）でありながら貸し
手・借り手ともに審査上、期末ごとの返済を前提にしないこと
から、株式発行による調達と同様の性格をもつということでこ
の名がつけられた。この一見不合理な貸借関係は、メインバン
クと企業との強固で継続的な関係のもとでは意味がある。貸し
手の銀行にとっては、安定的に利子が得られることから、この
貸金は一種の取引手数料である。借り手の企業にとっては、返

済する必要がないので株式と同様の安定資金を得ることができ、また借入利息は損金算入できるので株式よりも節税効果がある。疑似資本は、借り手企業にとっては株式と同じ意味があるため、自己資本比率は低くてもよいと考える。

第3は、中小企業にとどまるためには、資本金を増やしてはならないからである。中小企業には、さまざまな補助金、優遇税制、有利な政策金融が用意されている。中小企業基本法では、製造業では資本金3億円以下、卸売業では資本金1億円以下、小売業・サービス業では資本金5,000万円以下を中小企業としている。増資をして資本金がこの基準を超えると、さまざまな政策面での恩恵が受けられなくなる。

## ◆疑似資本は株式に転換して解消すべき

中小企業の過少な自己資本比率にはさまざまな背景があるが、財務、企業間関係と企業金融の透明性の観点からは好ましくない。本来、企業の存続が危ぶまれるような低い自己資本比率を是とすることは、真正な財務情報開示の精神に反する。メインバンクと企業の関係も、約定はなく阿吽（あうん）の呼吸に基づくものであり、不安定である。金融環境が悪化し、銀行が資産の圧縮を図らざるをえない状況となれば、銀行は根雪のような疑似資本の返済を突然迫るかもしれない（こうした行為は、一部で「貸剥がし」と呼ばれる）。

このように、一見合理的な疑似資本は、やはり増資（株式発行）に乗り換えるべきであろう。具体的には、中小企業が増資

し、疑似資本を返済すべきである。新規発行株式は、メインバンクが持ち合いで保有する手もあるが、株式持ち合いでは借り手企業の資金繰りが悪化するので、取引銀行以外の出資者を募ったほうがよい。その重要な候補となるのが、全国にひしめく地域ファンドである。

なお、疑似資本の資金をその銀行の預金に残しているような企業は、借入金の返済により預金も失われ、流動性が過小になることを懸念するかもしれない。そうした企業は、メインバンクにコミットメントラインを設定するとよい。

疑似資本の返済と増資により、中小企業の自己資本比率は上昇し、財務の透明性が高まり、銀行との関係も安定的かつ透明性の高いものとなり、より近代的な産業構造に進化することになる。こうした好ましい環境をつくるためには、低い自己資本比率の一因である中小企業に対する過剰な保護、補助、優遇を一掃したほうがよい。そもそも、中小企業であるからといって保護・支援をする合理的な理由はない。日本産業の発展に資するような特殊な高度な技術力を有する企業、歴史や伝統をもつ歴史的・芸術的・社会的価値をもつ伝統企業を保護し支援することは正当化できるであろう。しかし、収益力が乏しい、零細である、という理由で保護・支援することは不合理である。中小企業に対する補助金、優遇税制は全廃してもよい。その結果、中小企業の廃業・倒産が多発するであろうが、そうした試練を経てはじめて、日本産業全体の生産性は向上し、新たな経済成長の芽が出てくるのではなかろうか。

## ◆融資型クラウドファンディング（ソーシャルレンディング）は邪道

　疑似資本の株式転換をする際、新規株式の受け皿としてクラウドファンディングを用いることはおおいに結構である。クラウドファンディングとは、ネット上に事業情報等を掲示したうえで不特定多数から小口資金を募る仕組みである。本来は、投資家が資金調達者の事業等を見極めたうえで株式・出資形態で投資をする直接金融である。既存の中小企業が、自身の存在意義や技術力、優良商品をネット上でアピールし、円滑に増資ができれば、これは素晴らしい。クラウドファンディングはベンチャーに資金供与する仕組みとして注目されるが、既存の中小企業にとっても有力なツールである。

　このクラウドファンディングの一形態として、株式・出資形態ではなく、貸出を供与するものが融資型クラウドファンディングである。これはソーシャルレンディングとも呼ばれる。ソーシャルレンディングは、直接金融であるクラウドファンディングに間接金融のツールである貸出を融合したものであり、ここにゆがみが生じる。

　2019年春には、この矛盾が露呈した。架空の事業への投資をうたって集めた資金を目的外に融資する不適切業者に対し、金融庁は業務改善命令を発し登録を取り消した。問題是正のために、金融庁は貸金業法を見直し、融資先の情報開示を業者に求める方針を示した。

間接金融では、元来、預金者等の資金の出し手は、銀行等の金融仲介機関がどこに融資するかは問わない。預金者は、仲介機関が情報生産機能を駆使して厳密なリスク管理を行ったうえで適切に融資することを信じて運用をあらかじめ委任する。ゆえに、銀行等は免許を要し、当局の厳格な監督下にある。またそれゆえ、貸出は情報生産機能をもつ信用力の高い仲介者が行わねばならない。融資先を公表することは、そもそも間接金融の性格にあっていない。仲介業者が不誠実だということで情報開示を求めるのは不合理である。その前に、仲介業者を、信頼して運用を任せられる誠実な業者に厳しく制限することがより重要である。木で竹を接ぐようなソーシャルレンディングは筋が悪い。

## ◆親族への事業承継の支援は不要

中小企業が直面する課題はさまざまあるが、経営者の高齢化と相続税の強化を背景に、近年、事業承継が大きな問題になっている。こうしたなか、中小企業の事業承継に対する優遇措置が拡充されてきた。2018年度税制改正では、親族が非上場企業の経営者から株式を引き継ぐ場合の相続税の猶予を大幅に拡大した。事業承継に伴う資金需要に対する、日本政策金融公庫や商工組合中央金庫による貸付と信用保証協会の保証も拡充されてきている。公的な事業承継支援が拡充された背景には、中小企業経営者の高齢化がある。経済産業省によると、70歳以上の中小企業経営者の約半数に当たる127万人は後継者が未定だと

いう。このままでは、事業を承継できずに廃業に至る中小企業が続出するのは必至である。

こうした状況を、多くは「後継者難で廃業する高齢経営者が気の毒だ」「歴史をもつ事業が失われるのはもったいない」ととらえる。そして、「事業承継支援」を求める声が財界等から高まり、それを受けてあらゆる政党がこぞって事業承継支援を訴え、その結果、支援策が積み増される。

しかし、後継者が見つからずに廃業に至ることはそれほど不幸なことなのか。後継者が見つからない事業を支援することは、はたして妥当なのか。

事業承継には、次の3つの形態がある。

① 経営者の子どもや甥姪等が事業を引き継ぐ親族内承継。相続税の優遇措置は、この形態を対象とする。

② 役員・従業員承継。その企業の既存の幹部が社長に内部昇格するケースと、これまで会社の運営に携わってきた役員や従業員が株式のマジョリティを所有するMBO（Management Buyout）がある。

③ 社外人材への承継。事業や株式を第三者に売却するM&Aと、外部人材を招聘して経営者に据える形態がある。第2の役員・従業員承継、第3の社外人材への承継は、親族外承継と総称される。

これらのうち、第三者への事業・株式の売却は最も好ましい。M&Aの対象となるのは人材や技術力等の良質な経営資源を有する事業であり、その事業を資本力のある他の会社や資本

家が引き継げば、経済全体に好影響が及ぶ。役員・従業員承継も、その事業が十分な企業価値を有している証左であり好ましい。ただし、役員・従業員承継は、十分な資本が得られない可能性がある点でM&Aよりも承継後の経営が不安定になる可能性がある。

　一方で、親族内承継は、必ずしも歓迎できない。事業を承継した親族が、十分な経営能力をもち、社内外の支持を得ていればよい。経営承継の正当性があり、従業員も喜んで社に残るであろう。

　他方で、M&Aの声がかからず、役員・従業員もそっぽを向き、親族も承継しようとしない不採算事業を、親族が承継しないからといって問題視する必要はない。そうした企業の企業価値はゼロであり、残すべき経営資源も乏しく、こうした「ゾンビ企業」を存続させる意義は見出せない。

　たしかに、廃業は寂しく、雇用も一時的に失われるが、それを無理やり延命しゾンビのように存続させても経済・産業にとってよいことはない。「ゾンビ企業」は、経済・産業全体の生産性の足を引っ張り、長期的には雇用と経済成長の勢いをそぐことになる。親族でさえ承継を逡巡する企業には、退出願うのがよい。そうした親族ですら引き継がない事業の親族内承継を、政策面で支援する必要は乏しい。税金を使って親族内承継を促進すれば、財政負担は必ずかさむ。親族内承継を相続税の軽減措置により支援することは、さらに筋が悪い。たとえば、代表者が突然亡くなり、家族に重い相続税負担が生じた場合に

は、その相続税負担を数年猶予したり軽減したりする程度であれば正当化される。しかし、2018年度では、事業承継した子どもの相続税を実態的に免除しており、これは明らかに優遇し過ぎであり、勤労者世帯や事業を承継しなかった方々との大きな不公平を生む。

【参考文献】
・中島真志『入門　企業金融論』東洋経済新報社、2015
・益田安良『中小企業金融のマクロ経済分析』中央経済社、2006
・益田安良・浅羽隆史『改訂　金融経済の基礎』経済法令研究会、2017
・益田安良「親族内承継の過剰税制支援はミイラ企業をはびこらせる」『金融財政事情』第69巻28号、pp.20-21

第 **Ⅲ** 章

# 起業・ベンチャーの
# 環境と促進策

日本経済の成長力を高めるためには、既存企業の生産性を高めるだけでなく、起業・ベンチャー（革新的な新興企業。スタートアップとも呼ぶ）を促進することによって新たな息吹を産業界に吹き込む必要がある。起業・ベンチャーの促進は長年の課題であり、このために規制緩和や多くの助成措置が施されてきた。しかし、諸外国に比べていまだに起業・ベンチャーは低調である。本章では、その原因を労働市場にまで踏み込んで探り、その改善策を考える。また、金融面での起業・ベンチャー促進環境の整備に関する課題も考察する。

 **日本の起業・ベンチャーの動向**

## ◆リーマン危機前を取り戻すもいまだ低調

　日本では、起業・ベンチャーを促進しようとする努力が長年続けられてきたが、いまだに十分な成果が得られていない。日本の開業率は1990年代に４〜５％に低下し、その後2013〜17年度は上昇したが、2018年度は再び4.4％まで低下した（図表３−１）。政府は「2020年までに開業率を10％台とする」という目標を立てていたが、その実現は絶望的である。

　また、ベンチャー・キャピタル（以下、VC）の投資額は、2015年度以降増加傾向にあり、2018年度には2,778億円とリーマン危機前の2006年度以来の水準に戻ったが、いまだに2000年

図表3-1 開業率・廃業率の推移

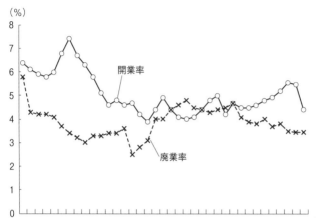

（注） 開業率は、特定期間に新規に開設された事業所数（年平均）のその
　　　 期にすでに存在した事業所数に対する割合。廃業率は特定期間に廃業
　　　 した事業所数（年平均）のその期に存在した事業所数に対する割合。
（出所） 厚生労働省「雇用保険事業年報Ⅰ全国の状況」により筆者作成
　　　 https://www.mhlw.go.jp/bunya/koyou/koyouhoken21/150-1a.
　　　 html

度の水準には及ばない（図表3-2）。

## ◆諸外国に比べて日本のベンチャー投資は低調

　米国、中国、欧州のベンチャー投資額と比べると、日本の低
調さが際立つ。2018年のベンチャー投資額は、米国14.5兆円、
中国3.5兆円、欧州1.1兆円であったのに対し、日本は中国の1
割以下、米国の2％の0.3兆円にとどまっている（図表3-3）。
5年間の変化をみると、中国の増加が著しい。開業率も、日本
が5％前後で低迷するのに対し、英国とフランスは11〜15％、

図表 3 - 2　日本のベンチャー年間投資額推移

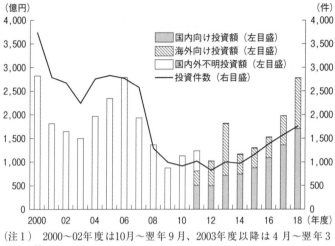

（注 1 ）　2000〜02年度は10月〜翌年 9 月、2003年度以降は 4 月〜翌年 3
月。
（注 2 ）　2010年度以前は国内外投資額の合計（国内外内訳不詳）。投資件
数は延べ件数。
（出所）　ベンチャーエンタープライズセンター（VEC）『ベンチャー白書
2019』2019、p. I - 2 、図表 1 - 1 により筆者作成

米国とドイツは 7 〜10％で推移している。

　日本の起業・ベンチャーの動向は、諸外国、特に米国、中国
に大きく水をあけられているといえる。

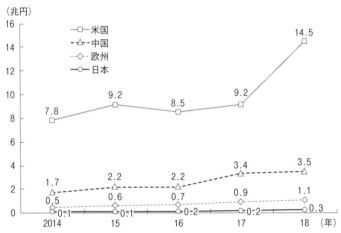

図表 3 − 3　諸外国のベンチャー年間投資額推移

（注 1 ）　欧州；PE業界統計による、欧州内の投資家による投資額、日本
　　　　　は年度、他は暦年。
（注 2 ）　為替換算；米国： 1 ドル＝110.4円、欧州： 1 ユーロ＝130.4円、
　　　　　中国： 1 人民元＝16.7円
（出所）　ベンチャーエンタープライズセンター（VEC）『ベンチャー白書
　　　　　2019』2019、p. I -42、図表 2 - 2 により筆者作成

# 2　起業・ベンチャー低迷の労働市場面の要因

## ◆起業希望者がそもそも少ない

　起業が活発になるためには、まず起業を希望する者（起業に
関心のある者）が豊富に存在する必要がある。起業関心者の逆

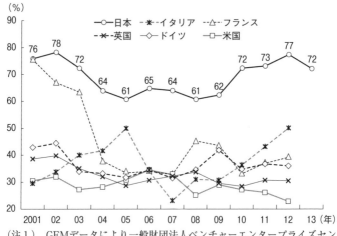

図表3－4　「起業無関心者」の比率（国際比較）

(注1)　GEMデータにより一般財団法人ベンチャーエンタープライズセンター（VEC）が集計。

(注2)　「起業無関心者」は、GEMの「起業活動浸透指数（周囲に起業家がいる）」「事業機会認識指数（周囲に起業に有利な機会がある）」「知識・能力・経験指数（起業に必要な知識・能力・経験がある）」のいずれにも該当しない者の数。分母は18～64歳のGEM調査対象者総数。

(出所)　ベンチャーエンタープライズセンター「平成25年度創業・起業支援事業（起業家精神と成長ベンチャーに関する国際調査）「起業家精神に関する調査」報告書（平成26年３月）」p.44により筆者作成
　　　　http://www.vec.or.jp/wordpress/wp-content/files/25GEM.pdf

の「起業無関心者」の比率をみると、日本においては60～80％と、他のＧ７諸国を大幅に上回る（図表3－4）。ちなみに米国では、無関心者は30％程度にとどまっている。

　他方、起業希望者に占める起業活動者の割合は、日本は上位にある（図表3－5）。日本は、成人人口に占める起業活動者の比率（図中の中央の棒、３％）は、米国はもちろん、英国、ド

図表3−5 「起業関心者」が起業活動を行う比率（国際比較）

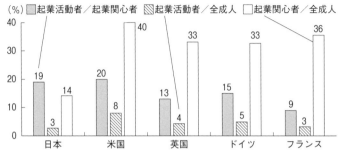

(注) GEMデータ（2001〜10年）により独立行政法人経済産業研究所が集計。「起業関心者」は「起業するために必要な知識・能力・経験がある」と回答した者。「起業活動者」は、起業のために具体的な準備をしている者＋起業後3年半未満の者。

(出所) 中小企業庁『中小企業白書2017年版』2017、p.106、第2−1−10図により筆者作成
　　　 http://www.chusho.meti.go.jp/pamflet/hakusyo/H29/PDF/chusho/04Hakusyo_part2_chap1_web.pdf

イツ、フランスよりも低い。しかし、起業関心者に占める起業活動者の比率（図中の左側の棒、19％）は、米国とほぼ並び、ドイツ、英国、フランスより高い。

　成人人口に占める起業関心者の比率（図中の右側の棒）は、日本は前述のとおり低い。すなわち日本では、起業希望者が実際に起業を実現する比率は高いのだが、そもそも分母となる起業希望者が少ないことが起業の低調さの原因となっている。

## ◆起業希望者を増やすにはどうすべきか

　起業希望者が少ない理由としては、若年者の大企業志向、自営業収入の低下、既存ベンチャーの成長性の低さによる萎縮、

起業家精神の不足、起業能力に関する自己評価の低さ、が考えられる。

　若年者の大企業就職希望は、経済成長率の低下に伴い強まっている。米国では一流大学の学生は、まず起業を考え、それが実現できないときに就職するともいわれるが、日本の大学にそうした空気は乏しい。また新卒一括採用も、学生の起業意欲を削いでいる。大学卒業直後の就職のチャンスを逃すと、生涯、有利な職にありつけない可能性があると考えると、まず大企業に就職しようとするのは当然である。日本で起業を増やすには、まず新卒一括採用をやめてもらわねばならない。

　自営業収入の低下、既存ベンチャーの成長性の低さによる萎縮、も悩ましい問題である。起業をしても十分な収入を得られない、成功したユニコーン企業がほとんどない、といった現状を目にすると、起業を試みないのは当然である。しかし、これは鶏と卵の議論であり、今後起業が増加し、成功事例が増え、ユニコーン企業が誕生すれば、この要因も是正される可能性がある。

　起業家精神の不足、起業能力に関する自己評価の低さ、については、真に日本が劣っているのであるとすると、これは教育面での課題であろう。

　上記の諸要因のうち改善余地と効果を考慮すると、起業を増やすには、まず産業界に新卒一括採用をやめて中途採用を増やしてもらうことが最も重要である。大企業が新卒採用を減らし、中途採用を増やせば、学生はまず起業して自らの技能を磨

き、それに失敗したら大企業に就職するという選択肢をもつことができる。そして、中途採用にあたっては、それまでの企業就業履歴だけでなく、起業の試み、技能開発の努力等をも判断基準にしてほしい。また、近年増加してきたマイクロアントレプレナー、副業起業といった新形態も、起業促進に資することが期待される。

## ③ ベンチャーの資金調達環境

### ◆IPOは低迷を脱したが伸び悩み

ベンチャーの資金調達の基本は、株式・出資である。ベンチャーは、基本的には民間銀行の融資対象とはならない。日本では、ベンチャーは政府系金融機関や地方自治体等から融資を受けるチャンスをもつが、これは市場経済国である先進国では珍しい。事業リスクが高いベンチャーの資金源は、まず創業者の貯蓄であり、その次は3F（family、friend、fund）による出資である。技術力・独自性をもつ本格的なベンチャーであれば、3つ目のF、すなわちベンチャー・ファンド（キャピタル、VC）やエンジェル（ベンチャーに出資する富裕者）の出資を仰ぐのが通例である。

VCが投資のExit（出口）として意識するのは、基本的にはIPO（新規株式公開、上場）である。VCは創業直後のベンチ

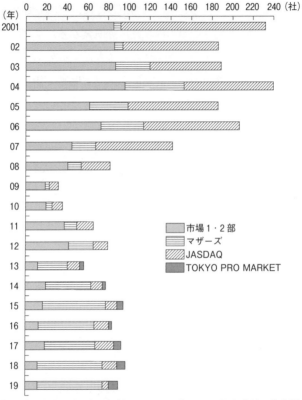

図表 3 - 6　IPO社数の推移

（注 1 ）　東京証券取引所（含むJASDAQ）への上場企業数。他市場
　　　　からの上場替えは含まない。

（注 2 ）　JASDAQは、2013年以前はジャスダック、ジャスダック証
　　　　券取引所、ナスダック・ジャパン、ヘラクレスへの上場社数
　　　　を含む。

（出所）　日本取引所グループ「新規上場基本情報」により筆者作成
　　　　https://www.jpx.co.jp/equities/listing-on-tse/new/basic/
　　　　04.html

ャーの株式を低価格で購入し、IPOと同時に高値で株式を一般投資家に売却し、その売却益で投資ビジネスを運営する。このため、ExitのIPOが好調であればVCの投資も進み、IPOが不調ならVCは投資に慎重になる。

　日本のベンチャーを対象とする新興企業株式市場としては、東証のマザーズとジャスダック（JASDAQ）、名古屋セントレックス、福岡Qボード、札幌アンビシャス等がある。これらのうち中心的存在であるマザーズ、JASDAQでのIPO社数は、リーマン危機後に落ち込んだが徐々に持ち直し、2015年頃から伸び悩み、年間70件程度にとどまっている（図表3－6）。これは、2001〜06年のIPOミニブーム時の年間180〜240社の半分以下である。ベンチャー市場育成のためのさまざまな改革にもかかわらず、日本のIPOはいまひとつ低調である。

## ◆M&A（株式譲渡・事業譲渡）も重要なExit

　IPO市場の整備も重要であるが、同時にM&A（株式譲渡・事業譲渡）の促進も望まれる。VCから資金調達する日本のベンチャーのExit構成（件数）をみると、経営者買戻し、償却・清算という失敗・撤退による出口が減少しているのはよいが、成功と目される出口も増えてはいない（図表3－7）。IPOは安定的だが減少傾向を示している。また、他社に事業を買い取ってもらうM&Aは2016年度には少し拡大したが依然低調である。

　2014〜18年度計のExitの内訳は、IPOが18％、経営者買戻しが32％、償却・清算が9％、他のファンド等への売却が24％

図表3−7　VCのExit（投資回収）の形態別内訳（件数）

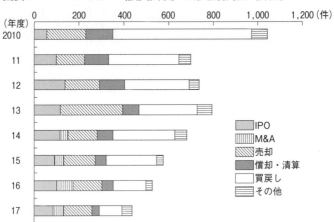

(注1)　本図での「M&A」は経営権の移転を伴う売却、「売却」は他のファンドほかへのセカンダリー売却、「買戻し」は会社経営者等による株式の買取り、を指す。
(注2)　2013年度までのM&Aは売却に含まれる。
(出所)　ベンチャーエンタープライズセンター（VEC）『ベンチャー白書2019』2019、p. I -25、図表1 -34により筆者作成

であり、M&Aは9％にとどまる。

　他方、米国ではM&AがIPOよりも10倍以上多く、主流の傾向が強まっている。GAFA等の巨大IT企業が他の有望なベンチャーを技術やサービスごと吸収していく状況は、寡占・独占の問題等さまざまな問題も引き起こすが、ベンチャーにとっては大手ライバルに買い取ってもらうことがすでに目標になっているようである。日本でも、いずれはベンチャーのゴールの主流はIPOではなくM&A・事業売却となるであろう。

## ◆クラウドファンディング（CF）への期待

　近年急増するクラウドファンディング（以下、CF）は、資金提供者層の拡大、情報の非対称性の軽減、収益性・リスク以外の観点からの投資やハイリスク・長期の投資を呼び込みうる、といった多様な意義をもつ。しかし、現状の日本では、（貸付）融資型CFが90％以上を占めている（図表3－8）。融資型CFとは、第Ⅱ章で述べたソーシャルレンディングであり、邪道である。本来は資金提供先を指定して小口の資金を集めるCFに、間接金融としての融資の形態はそぐわない。

　次に多いのが購入型CFである（シェアは6％程度）。イベン

図表3－8　国内CFの資金調達額の形態別内訳（2017年度）

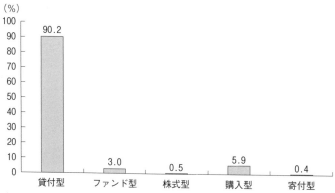

（注）　年間の新規プロジェクト支援額ベース。2017年度市場規模：170,058百万円。

（出所）　矢野経済研究所「国内クラウドファンディング市場の調査を実施」2018年12月3日発表により筆者作成
　　　　https://www.yano.co.jp/press-release/show/press_id/2036

ト等大衆に人気のある商品・サービスを購入するかたちのCF
である。これには一定の意義があり、発展することに問題はな
い。しかし、企業金融の形態というよりも、EC（Electronic
Commerce、電子商取引）の特殊な形態であり、この購入型CF
が拡充してもベンチャー・中小企業の金融が拡充するわけでは
なかろう。寄付型CFは、災害時等にプレゼンスを高める。こ
れも災害時の寄付等を効率的に実施する手法として有用であ
る。しかし、これも既存のベンチャー・中小企業の資金調達
ツールとはならない。

　ベンチャー・中小企業の資金調達ツールとして充実が待望さ
れるのは、投資型CF（株式型・ファンド型）である。国内CF
市場でのシェアは3.5％にすぎないが、今後の発展が期待され
る。投資型CFは、VCの資金を得られないような、小口の採
算がみえにくいベンチャーの資金調達に適している。投資型
CFの拡充により、ベンチャーのすそ野が拡大することが期待
できる。さらに、投資型CFの拡充は、第Ⅱ章で述べた中小企
業の過少資本問題の是正にも資するであろう。

## ◆起業・ベンチャー促進策と課題

　これまで日本政府は、融資・信用保証、税制、補助金等多方
面から起業・ベンチャー支援を行ってきた。2005年に有限責任
事業組合（LLP）制度を創設し、2006年には最低資本金規制を
撤廃する等、着実に起業しやすい制度を整えてきた。資金面で
は日本政策金融公庫による起業家に対する無担保・無保証融

資、信用保証協会による保証、地域振興・海外展開を志向する起業に対する補助金等、世界的にも類を見ない手厚い公的金融・助成が設けられている。エンジェル税制、中小企業基盤整備機構による民間VCへの出資等、民間を通じたベンチャー支援も手厚い。さらに、周辺環境の整備として、中小企業基盤整備機構運営の新事業支援施設（ビジネス・インキュベーター）の借用制度、助言が得られる支援センター、ベンチャーと投資家の出会いをサポートするベンチャープラザ等も設置された。これらのベンチャーに対する補助や金融支援の規模は、年々拡大してきている。

　起業手続の煩雑さやコストについても、日本は国際比較で劣位にあるわけではない。それにもかかわらず、実際の起業が低調であるのは、起業を取り巻く制度以外のより根本的な経済・社会構造に原因があると考えざるをえない。

　前述の起業希望者の増加を図るための労働市場柔軟化、金融面ではリスクをとりうるVCの拡充とM&AによるExitの円滑化、といった点で進展が求められる。そうした面での進展を図るには、労働市場、金融構造全般を視野に入れた改革が必要となる。より高度の、包括的な視点での起業促進論が求められよう。

【参考文献】
・石井芳明「ベンチャー政策の新しい展開」『一橋ビジネスレビュー』62巻2号、p.75

・岡室博之「開業率の低下と政策措置の有効性」『日本労働研究雑誌』No.649、p.34〈https://www.jil.go.jp/ institute/zassi/back number/2014/08/pdf/030-038.pdf〉
・ベンチャーエンタープライズセンター（VEC）『ベンチャー白書2019』VEC、2019、pp. I - 1 -237
・益田安良「起業促進・ベンチャー育成における課題―労働市場柔軟化とM&A円滑化が鍵―」『レファレンス』799号、pp.31-55〈https://dl.ndl.go.jp/view/download/digidepo_10856647_po_079902.pdf?contentNo=1&alternativeNo=〉
・益田安良「中小企業の新事業展開を通じた産業変革」『レファレンス』805号、pp.39-64〈https://dl.ndl.go.jp/view/download/digidepo_11045308_po_080505.pdf?contentNo=1&alternativeNo=〉

第 **IV** 章

# 高齢社会における
# 家計の資産形成

日本の家計は、ライフサイクル仮説のとおり、貯蓄率が低下しフローの資金余剰が縮小してきたが、ストックベースでみると依然として巨額の金融資産を有している（第Ⅰ章）。今後、高齢化のさらなる進展、年金会計や所得環境の悪化に接し、高齢者世帯は従来以上に自助努力によって家計を切り盛りしていかねばならない。こうしたなか、各家計は若年・壮年期から老後の収支をにらんだ資産形成を求められる。その際には、若年・壮年から自身の年金の給付水準を展望できることが重要であり、その点で年金の財政検証は国民のすべてが頭に入れる必要がある。そのうえで適切な資産形成を進めるには、各家計は何に留意すべきか、制度面での課題はあるか、を考察する。

 **日本の家計の金融資産構成の特徴**

## ◆依然として高い現金・預金比率

　日本の家計の金融資産残高は増加を続け、2019年9月末には1,864兆円に達した（日本銀行「資金循環統計」）。負債残高の326兆円を引いた「純金融資産残高」は1,538兆円であり、金融市場での資金の出し手として絶大なプレゼンスを有しており、家計が日本の金融資産の中心を占める構図が続いている。

　資産の内訳をみると、現金・預金が986兆円（金融資産残高全体に占める割合は52.9％）、保険・年金等が528兆円（同28.3％）

図表4－1　家計の金融資産残高（年度末）

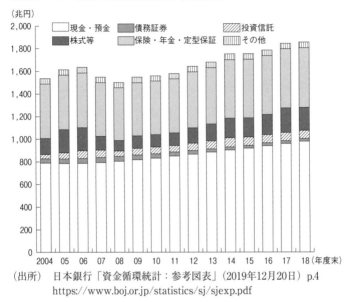

（出所）　日本銀行「資金循環統計：参考図表」（2019年12月20日）p.4
　　　　　https://www.boj.or.jp/statistics/sj/sjexp.pdf

を占め、両者合計で金融資産残高全体の81.2％を占める（図表
4－1）。すなわち、マネーフローにおける資金の出し手とし
ての家計部門の金融資産のうちの8割以上を、間接金融形態に
カウントされる金融資産が占めており、これらの割合は高まっ
てきている。

　片や、証券投資（債券、株式等、含む投資信託経由）の割合
は、以前として16％にとどまっている。2019年9月末現在の家
計の保有する債務証券（債券、手形など有価証券）は26兆円（金
融資産残高比1.4％）、投資信託は71兆円（同3.8％）、株式等は
199兆円（同10.7％）である。過去7年間の株式市場のパフ

ォーマンスのよさ、個人向け国債の販売促進努力等の好環境を
よそに、家計の証券投資は一向に拡大していない。

　1998年から実施された日本版金融ビッグバンをはじめ、過去
20年間の諸制度改革はおおむね証券市場の育成と直接金融ルー
トの拡充を目指してなされてきたといっても過言ではない。し
かし、少なくとも資金の出し手の家計の金融資産側からみる
と、依然として間接金融優位が続いており、かつその傾向が強
まっている。

## ◆日本の特異な現金・預金志向

　日本の家計資産に占める現金・預金の比率（2019年3月末）
は53％にのぼり、これは米国（13％）、欧州（ユーロエリア、
34％）をはるかに上回る（図表4-2）。これに対し、家計保有
の株式等の金融資産に占める割合は、日本は10％だが、米国は
34％、欧州は19％と日本の2～3倍である。投資信託の比率も
日本は4％だが、米国は12％、欧州は9％とこれも2～3倍で
ある。債務証券の比率は日本が1.3％だが、米国は7％、欧州
は2.3％とこれも日本を上回る。どうやら、日本は先進主要国
のなかで、きわめて現金・預金の比率が高く、証券投資の比率
が低い状況にある。これが、日本のマネーフローが間接金融中
心であるといわれる最大の根拠になっている。

　その原因は、戦後の日本が政府の強い主導のもとで銀行を中
心に金融構造を構築したこと、証券市場の規制緩和と制度整備
が欧米に比べて遅れたこと等多数考えられる。しかし、銀行を

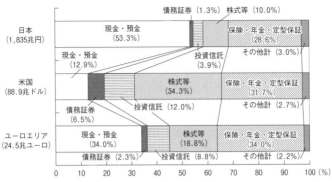

図表4－2　家計の金融資産構成の日米欧比較（2019年3月末）

| | | |
|---|---|---|
| 日本 (1,835兆円) | 現金・預金 (53.3%) | 債務証券 (1.3%) 株式等 (10.0%) 投資信託 (3.9%) 保険・年金・定型保証 (28.6%) その他計 (3.0%) |
| 米国 (88.9兆ドル) | 現金・預金 (12.9%) 債務証券 (6.5%) 投資信託 (12.0%) 株式等 (34.3%) 保険・年金・定型保証 (31.7%) その他計 (2.7%) | |
| ユーロエリア (24.5兆ユーロ) | 現金・預金 (34.0%) 債務証券 (2.3%) 投資信託 (8.8%) 株式等 (18.8%) 保険・年金・定型保証 (34.0%) その他計 (2.2%) | |

0　10　20　30　40　50　60　70　80　90　100 (%)

(注)　金融資産合計に占める割合。
(出所)　日本銀行「資金循環の日米欧比較」（2019年8月29日）p.2
　　　　https://www.boj.or.jp/statistics/sj/sjhiq.pdf

中心とする産業金融構造がすでに崩れ、日本版金融ビッグバンが実施されて銀証の垣根がなくなってから四半世紀が過ぎようとするなかで、なお間接金融優位の構造が残っているのは、どうも解せない。家計の証券投資に関する意識等、より根源的な要因が作用しているのかもしれない。

## 2 高齢者世帯の貯蓄・収支・資産構成

### ◆世帯主年齢の上昇につれて貯蓄残高増加

総務省・家計調査によると、日本の家計の世帯別貯蓄残高は

1,752万円（2人以上世帯の平均、2018年平均）である。この数値は、少数のきわめて高額の貯蓄をもつ世帯が引き上げているため、そうした要因を除いた中央値をみると、貯蓄のある世帯で1,036万円、貯蓄ゼロ世帯を含めると978万円である。この数値のほうが読者の実感に近いと思われる。なお、2人以上世帯の平均の負債残高は558万円であり、日本の家計の純資産平均（金融資産残高−負債残高）は約1,200万円である。

　世帯主年齢別の貯蓄残高（2018年）は、世帯主40歳未満の世帯では600万円、40歳代で1,012万円、50歳代で1,778万円、60歳代2,327万円と、年齢が高まるに応じて貯蓄が増加する傾向がみられる。70歳代では2,249万円と60歳代より低下するが、それでも40歳代以前の2倍以上の大きさである。高齢者の貯蓄残高の大きさが顕著である。他方、住宅ローン等の負債総額は世帯主年齢30歳代が最も大きく、以降年齢上昇に従い低下する。年齢別の家計収支（可処分所得−消費支出）をみると、50歳代までは黒字であるが、多くが定年退職を迎える60歳代を超えると赤字となる。

　平均的な家計の資産蓄積・借入行動との対比でいえば、以下のような状況なのであろう。20歳代には所得が少なく貯蓄する余裕がない。30歳代には住宅取得のための借入れ（ローン）を負う世帯が増え、引き続き貯蓄（金融資産増加）の余裕はない。40歳代、50歳代には、所得が増えるため借家の無借金世帯や住宅ローンを完済した持ち家世帯を中心に金融資産の蓄積が進む。そして60歳になると多くが順次退職金を受け取り、これ

によって住宅ローンを完済し、それらの世帯では純金融資産（資産－負債）が一時的に大きく拡大する。60歳代の有職者の多くは、すでに住宅ローンを完済し年金も順次受給し始め、子どもへの出費もなくなり、金融資産の拡大ペースを上げる。他方で、高齢無職者世帯は、収入が急減し収支は赤字となるため金融資産が減少し始め、この傾向は70歳代にさらに顕著となる。このように有職者と無職者ではずいぶん様相が異なるが、世帯主年齢別に全体の傾向をみると、金融資産の多くは60歳代以降の高齢者によって保有されている。今後高齢化の進展に伴い、その傾向はますます強まる。金融機関にとっては、高齢者市場の取り込みが重要な理由である。

## ◆高齢無職世帯の貯蓄残高と構成

　世帯主年齢60歳以上の2人以上世帯の世帯当り貯蓄残高は、2018年平均では2,280万円であり、これは2015年の2,430万円をピークに減少傾向にある。高齢者世帯の金融資産の内訳をみると、通貨性預貯金が518万円（2018年、貯蓄残高全体に占める割合は23%）、定期性預貯金が983万円（同43%）、生命保険などが387万円（同17%）、有価証券が381万円（同17%）である（図表4－3）。時系列では、近年の株価の頭打ちとゼロ金利の長期化に伴い、有価証券（株式・債券）の比率は緩やかに低下傾向であり、かわりに通貨性預貯金の比率が緩やかに上昇している。高齢者世帯は多額の金融資産を保有するが、近年は積極的な資金運用を諦め、仕方なく低金利の預貯金に資金を滞留させ

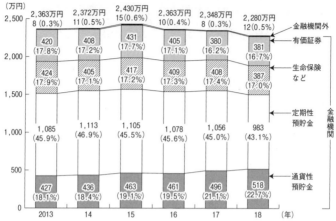

図表 4 - 3　高齢無職世帯の貯蓄残高（2 人以上、世帯主60歳以上）

（出所）　総務省「家計調査報告（貯蓄・負債編）—2018年（平成30年）平
　　　　均結果（二人以上の世帯）」（2019年 5 月17日）p.5
　　　　https://www.stat.go.jp/data/sav/sokuhou/nen/pdf/2018_yoyaku.
　　　　pdf

ている状況がうかがえる。

　他の年齢層との対比では、有価証券の比率は世帯主年齢が50
歳未満では 5 ％前後にとどまっているが、世帯主年齢が50歳を
超えると上昇し、世帯主年齢70歳代で最高となる。退職金を受
け取り、住宅ローンを完済した後の60歳代から、資産運用につ
いて真剣に考え出すということなのであろう。

# 家計の貯蓄・資産構成の展望

　将来のマネーフロー、金融資産を予測することは困難を極めるが、以下にあえて展望してみたい。

## ◆実質賃金の低下により貯蓄減少

　第1に、日本の家計の純金融資産残高の増勢は衰える可能性が高い。政府が民間企業に賃金引上げを求めても、実質賃金（名目賃金／物価）は1997年度以降、長期的に下落を続けている（図表4−4）。1997〜2018年度の22年間で、名目賃金は10％下落し、その間消費者物価は4％上昇したため、実質賃金は14％も減少している。名目賃金は、利益の拡大と政府の要望を背景に2013年度に底を打ち、その後2018年度までに3％弱上昇したが、その間消費者物価は5％弱上昇したため、実質賃金は安倍晋三政権下でも約2.7％下落してしまった。

　その背景には、まず労働生産性の停滞がある。実質賃金は、理論的には労働生産性の上昇に応じて増加する。ただし、1997年度以降の実質賃金の減少は労働生産性の停滞では説明できない。全産業の労働生産性は、上昇ペースは緩いものの低下はしていないが、賃金は長期的に低下している。この傾向は、製造業において顕著である。卸・小売業やサービス業は、労働生産性が低下傾向にあり、実質賃金の減少は生産性で説明できるが、製造業では労働生産性と実質賃金との格差がどんどん拡大

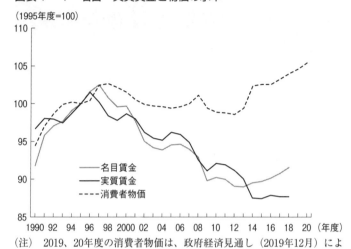

図表 4 − 4　名目・実質賃金と物価の水準

（1995年度＝100）

（注）　2019、20年度の消費者物価は、政府経済見通し（2019年12月）による。

（資料）　厚生労働省「毎月勤労統計調査（全国調査)」、総務省「消費者物価指数」により筆者作成
　　　　　https://www.mhlw.go.jp/toukei/list/30-1a.html

している。これは、産業界、特に製造業が、生産性の上昇の果実を労働者に十分に配分していないことを示唆している。この結果、産業界の労働分配率（人件費／付加価値、財務省「法人企業統計」ベース）は、2000年以降低下傾向を示している。企業規模別にみると、資本金 1 億円未満の中小企業では労働分配率は2005年以降緩やかに上昇しているが、資本金10億円以上の大企業の労働分配率は2000年以降10％ポイント以上下落している。この結果、しばしば指摘されるとおり大企業の巨額の内部留保は拡大を続けている。

激しい国際競争にさらされている日本企業が、今後、労働分配率を急速に高めるとは考えがたい。そうであれば、実質賃金水準はさらに低下する可能性が高く、これは日本の家計の純金融資産残高の抑制要因として働く。

## ◆家計が資金の出し手の地位を降りる時

第2は、高齢者の貯蓄率が低下し（マイナス幅が拡大し）、これが家計全体の資金余剰の縮小をもたらし、いずれかの時点から家計は資金不足（投資超過）に転じる可能性がある。高齢者世帯（2人以上）の家計収支をみると、勤労者世帯では収入は月額40万円前後あり、消費性向は77～88％である（図表4－5）。すなわち、有職者の高齢者世帯では貯蓄率は12～23％程度とかなり高い。他方、無職世帯では収入レベルは月額20万円前後に低下し、消費性向は100％を大きく上回る。無職世帯では、貯蓄率はマイナスである。

年金の支給開始年齢が上昇し、在職者年金の減額が実施され、企業が定年退職年齢を引き上げることが期待されているが、諸外国との比較や健康面の限界を考慮すると高齢者の就業率が今後大きく上昇することは期待できない。また、今後予想される景気後退を受け、過去5年ほどの人手不足は解消し、高齢者雇用がむしろ減少する可能性もある。そうすると高齢者世帯の平均貯蓄率は低下し、家計は資金不足主体に転ずる可能性も高い。

これまでは高齢者世帯は、最も金融資産が潤沢であり富裕層

図表 4 − 5　高齢者世帯（2 人以上）の世帯主年齢・就業形態別の
　　　　　　家計収支・消費性向（2018年平均）

| | 世帯主年齢 | 60〜64歳 | 65〜69歳 | 70歳〜 |
|---|---|---|---|---|
| 勤労者世帯 | 平均世帯人員（人） | 2.77 | 2.61 | 2.54 |
| | 経常収入（月額・千円） | 421 | 428 | 376 |
| | 可処分所得（月額・千円） | 350 | 378 | 336 |
| | 消費支出（月額・千円） | 309 | 292 | 266 |
| | 平均消費性向（%） | 88.1 | 77.2 | 79.4 |
| 無職世帯 | 平均世帯人員（人） | 2.59 | 2.48 | 2.34 |
| | 経常収入（月額・千円） | 186 | 231 | 215 |
| | 可処分所得（月額・千円） | 157 | 204 | 192 |
| | 消費支出（月額・千円） | 273 | 262 | 230 |
| | 平均消費性向（%） | 173.5 | 128.5 | 120.1 |

（注1）　経常収入、可処分所得、消費支出は月額（千円）。2018年の平均
　　　　値。
（注2）　丸山桂が総務省「家計調査」をもとに集計。
（出所）　駒村康平編『エッセンシャル金融ジェロントロジー』慶應義塾大
　　　　学出版会、2019、p.83、附表 3 - 1 により筆者作成

の中心であったが、今後はそうした位置づけも薄れてくるであ
ろう。またこれまでの高齢者の巨額の金融資産は、生前にさほ
ど取り崩さず子孫に相続されることが多かったが、今後は生前
に取り崩さざるをえない家計状況となる懸念がある。また、リ
バースモーゲージ（Reverse mortgage）が普及してくれば、高
齢者世帯が住宅ローン顧客の主流に躍り出ることもありうる。

# 4　年金制度と家計金融

## ◆楽観的に過ぎる公的年金の2019年財政検証

　長期的な家計の収支・資産形成を考える際に抜きがたい要素が「年金」である。2019年6月には、金融庁・金融審議会・市場ワーキング・グループが「夫が65歳以上、妻が60歳以上の無職世帯の平均的な収入・支出において、月約5万円の赤字が出る」「その結果、30年間生きるには約2,000万円が不足する」とする試算を示し、おおいに話題を呼んだ。このうち「2,000万円が不足」というメッセージだけが独り歩きし、「2,000万円も貯蓄できない」「"百年安心"の年金制度は嘘だったのか」といったこの報告書に対する批判が高まり、これが一部で年金不信にまで発展した。年金は、高齢者の家計の黒字を保証するものではないので、ライフサイクル仮説どおりに高齢者世帯の貯蓄率がマイナスとなるのであれば金融資産を取り崩して生活せねばならない。このため、退職時には一定の金融資産が必要なのは当然であり、それを詳らかにすることは意義が高い。それにもかかわらず、政府はこの報告書を事実上葬り去ってしまった。困ったことである。老後のために用意すべき資産がどれだけかを知るためには、まず老後の家計の収支を知ることが重要である。

　年金給付が、現役時代の賃金収入とどういう関係にあるかを

知るには、所得代替率をみるとよい。厚生労働省は5年に一度、公的年金の財政検証を実施しており、直近では2019年8月29日に「2019年財政検証結果」が発表されている。財政検証は、現行の公的年金制度が持続可能かどうかを検証するものであり、この結果をもとに必要に応じて年金制度改革が実施される。いくつかのケースに分けて夫婦2人世帯の所得代替率（公的年金給付額／現役男子の平均手取収入額）を算出し、これが将来50％を下回ると見込まれる場合には、給付水準の削減等の措置が講じられる。2019年時点の所得代替率は、現役男子の平均手取収入額35.7万円／（夫婦の基礎年金13.0万円＋夫の厚生年金9.0万円）＝61.7％となり、これは2014年の62.7％よりやや低下した。

2019年財政検証では、2028年度までの経済状況について2ケース、2029年度以降の経済状況について6ケースを設定し、それら6ケースについて2046年度頃までの所得代替率を示している（図表4-6）。この試算については、まず経済前提について過度に楽観的と考えられる点が数多くある。

第1に、ケースⅠ、Ⅱ、Ⅲについては、TFP（全要素生産性）の上昇率を0.9～1.3％（2029年度以降）としている。TFP上昇率は1980年代には1.5～2.5％あったが、1990年代には1％前後、2000年代は0.8％程度、そして2010年代は0.5％に低下し、直近（2019年）には0.3％程度に落ち込んでいるとみられる（内閣府試算）。この長期下降傾向にあるTFP上昇率を1％近くに高めるのは容易ではない。今後も労働力人口の減少が見込まれ

## 図表4-6　高齢者世帯（2人以上）の世帯主年齢・就業形態別の家計収支・消費性向（2018年平均）

〈2028年度まで〉　　　　　　　　　　　　　　　　　　　　　　　　　　　（年平均増減率、%）

| ケース | 将来の経済状況 | | TFP上昇率 | 物価上昇率 | 実質賃金上昇率 | 運用利回り 対物価 | 運用利回り 対賃金 | 参考実質経済成長率 |
|---|---|---|---|---|---|---|---|---|
| Ⅰ Ⅱ Ⅲ | 内閣府成長実現ケース | 経済成長と労働参加が進む | 0.6〜1.3% | 1.1〜2.0% | 0.6〜1.4% | 0.0〜1.1% | ▲1.3〜0.1% | 0.8〜2.0% |
| Ⅳ Ⅴ Ⅵ | 内閣府ベースラインケース | 経済成長と労働参加が進まない | 0.6〜0.8% | 1.1〜1.2% | 0.3〜0.8% | 0.6〜1.1% | ▲0.1〜0.4% | 0.5〜1.5% |

〈2029年度以降〉　　　　　　　　　　　　　　　　　　　　　　　　　　　（年平均増減率、%）

| ケース | 将来の経済状況 | | TFP上昇率 | 物価上昇率 | 実質賃金上昇率 | 運用利回り 対物価 | 運用利回り 対賃金 | 参考実質経済成長率 | 所得代替率（給付水準調整終了年度） |
|---|---|---|---|---|---|---|---|---|---|
| Ⅰ | 内閣府成長実現ケースに接続 | 経済成長と労働参加が進む | 1.3 | 2.0 | 1.6 | 3.0 | 1.4 | 0.9 | 51.9%（2046） |
| Ⅱ | | | 1.1 | 1.6 | 1.4 | 2.9 | 1.5 | 0.6 | 51.6%（2046） |
| Ⅲ | | | 0.9 | 1.2 | 1.1 | 2.8 | 1.7 | 0.4 | 50.8%（2047） |
| Ⅳ | 内閣府ベースラインケースに接続 | 経済成長と労働参加が一定程度進む | 0.8 | 1.1 | 1.0 | 2.1 | 1.1 | 0.2 | 46.5%（2044） |
| Ⅴ | | | 0.6 | 0.8 | 0.8 | 2.0 | 1.2 | 0.0 | 44.5%（2043） |
| Ⅵ | | 経済成長と労働参加が進まない | 0.3 | 0.5 | 0.4 | 0.8 | 0.4 | ▲0.5 | 36〜38%（2043） |

（注1）　2028年度までは内閣府「中長期の経済財政に関する試算（2019年7月）」2019年7月31日に準拠。

（注2）　ケースⅣ、Ⅴ、Ⅵの所得代替率は給付水準を財政バランスがとれるまで機械的に調整（削減）した場合。

（出所）　厚生労働省「国民年金及び厚生年金に係る財政の現況及び見通し―2019（令和元）年財政検証結果―」（2019年8月27日）により筆者作成

　　　　https://www.mhlw.go.jp/content/000540199.pdf

る。本試算のケースＩの実質経済成長率（年平均）0.9％は、実現不可能とはいえないものの相当困難を伴うものである。また、この試算がなされ発表された2019年8月にはまったく想定されていなかったコロナ禍により、足元のGDPは大きく下落している。これは今後の経済成長率の減少要因となる。

　第2に、実質賃金上昇率の前提が高い。前述のとおり、実質賃金は1997年度以降長期低下傾向にある。第2次安倍政権下の2013年度以降も約3％下落した。そうした状況を無視するかのように、本試算では、いずれのケースでも実質賃金の上昇を見込んでいる。特にケースＩ、Ⅱ、Ⅲでは、年率1.1～1.6％の上昇率を想定している。この試算においては、過去20年余りの実質賃金の低下とその背景にある非正規労働者比率の上昇や労働分配率の低下は異常なものであり、今後もこの状況が続くとは考えていないようである。したがって実質賃金は今後は上昇に転じ、それ自体はむしろ自然であると考えているようだが、はたしてどうであろうか。

　第3に、実質運用利回り（物価上昇率対比の運用利回り）もケースＩ、Ⅱ、Ⅲについては、0.8～3.0％の高水準を想定している。この運用利回りは債券だけでなく株式での運用も含むため、この水準はGPIF（年金積立金管理運用独立行政法人）の腕次第ということになる。しかし、現状では名目国債利回りはマイナスに沈み、物価上昇率が若干のプラスであるため、実質長期金利は2014年度以降マイナスとなっている（図表4－7）。これは経済活動に対してはプラスに働くが、年金運用に対しては

図表4－7　名目・実質長期金利と物価上昇率

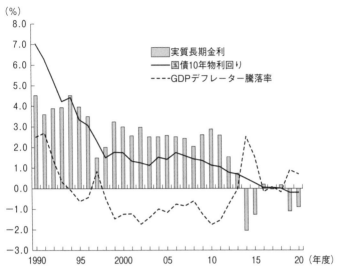

（注）　2019、20年度のGDPデフレーター騰落率、国債10年物利回りは政府
　　　　経済見通し（2019年12月）による。
（出所）　内閣府「国民経済計算」、日本銀行「金融経済統計月報」等によ
　　　　り筆者作成

障害となる。株式運用まで含めた運用利回りは実質経済成長率
に近いと考え比較すると、本試算での実質運用利回りは実質経
済成長率を2％以上上回っており、これも過度に楽観的といわ
ざるをえない。

## ◆老後の生計維持には資産2,000万円でも足りな い可能性

　このように楽観的な前提のもとでも、所得代替率はケース

Ⅳ、Ⅴ、Ⅵでは50％を下回る。これは、現行の年金制度では、十分な年金水準を確保できないことを示しており、このため、財政検証では、①被用者保険のさらなる適用拡大、②保険料拠出期間の延長と受給開始時期の繰下げ選択、について2つのオプションを示した。①は、パートタイム労働者をより多く正社員と同様に厚生年金の対象とすることであり、これは非正規労働者の厚生に資するとともに、年金財政の強化をもたらし、基本的には好ましいが、中小企業の負担増をもたらす。②は具体的には、基礎年金の保険料拠出の65歳までの延長、厚生年金加入の75歳までの延長、受給開始時期の選択の75歳までの延長、65歳以降の在職老齢年金の基準緩和、を検討する案である。年金支給開始年齢の繰上げと高齢者就労の促進にあわせ、在職者への年金給付を不利にし、年金支給額を抑制する案であり、これも年金財政に資する。ただし、この案が機能するためには、65歳以降の高齢者の就労が促進することが重要であり、それは実際には容易でない。

　財政検証の前提が甘く、オプションの実効性も高くないことを考えると、50％以上の所得代替率を堅持することはそう簡単ではなかろう。特に実質賃金が想定どおり上昇しない場合には、所得代替率の分母も小さくなるため、50％の所得代替率を確保できても家計は想定以上に厳しくなると覚悟しなくてはならない。2019年6月の金融庁・金融審議会・市場ワーキング・グループの報告に示された、「世帯主65歳の夫婦世帯が30年間生きるには、資産2,000万円が必要」という試算は、むしろ楽

観的過ぎるかもしれない。

　公的年金の将来を展望すると、現役時代から自助努力で資産形成を促進することが強く求められる。その際に重要になるのは、個人型確定拠出年金（イデコ：以下、iDeCo）である。

## ◆個人型確定拠出年金（iDeCo）を活用すべき

　iDeCoは、各個人が掛け金を自らの方針で運用して積み立て、原則60歳以降に給付を受け取る私的年金である。給付可能年齢は、加入期間に応じて異なる。掛け金は毎月5,000円から設定でき、上限は国民年金の被保険者種別、および他の企業年金の加入状況により異なる。運用対象は、投資信託や保険・定期預金である。掛け金は、全額所得控除の対象となり、通常所得の多い人ほどそのメリットは大きい。また、運用期間中の運用収益も非課税であり、効率的に資産を拡大できる。

　2020年3月、iDeCoの使いやすさを高めるためのいくつかの法改正案が国会に提出され、5月29日に成立している。まず、従来厳しい制限があった企業型確定拠出年金（DC）導入企業の従業員のiDeCo利用条件が緩和される。また、加入期間の上限が60歳から65歳に延長される。公的年金の支給開始年齢が引き上げられているなかでiDeCoの加入年齢の上限が60歳に制限されていたこと自体が不合理だが、その問題が解消されることは好ましい。

　個人レベルでの老後の家計収支をにらんだ資産形成にはさまざまな形態があるが、iDeCoはその中核となるべきである。そ

の点でiDeCoの利用制限を緩和し、税制面での優遇を配備する
のは理にかなったことであり、間接的に公的年金制度を補完す
ることが期待される。

## ◆老後をにらんだ資産形成における留意点

これまで述べたとおり、各個人は現役時代から老後の家計を
考えてなるべく早くから資産形成に取り組まねばならない。公
的年金制度をより安心できる制度にしていくことはもちろん重
要だが、同時に公的年金だけに頼らず、自ら資産形成に腐心す
ることが求められる。すなわち、これまで富裕層のみがかかわ
ってきた資産形成が、今後はあらゆる国民に求められることに
なる。資産形成の大衆化である。

その時、すべての国民が資産形成の基本法則を会得すること
が求められる。資産形成における最も基本的かつ、最も重要な
理屈は、「リスクとリターンの対応」関係である。

家計の金融資産選択の基本は、リスクとリターンのバランス
である。絶えない金融詐欺の多くは、「ローリスク・ハイリ
ターン」を標榜する、あるいはそれを偽装する行為に根差して
いる。一般的な金融機関の営業活動においても、ローリスク・
ハイリターンを（明言はしないが）期待させるようなセールス
トークは氾濫している。こうした行為は、金融商品取引法や当
局の行政指導で排除しようとしているが、最終的には各個人が
資金運用対象のリスクとリターンを見抜いて適切に行動するこ
とに委ねられる。

まずは「ローリスク・ハイリターンの運用はない」という鉄則をよく理解し、運用にあたってその原則をかみしめることこそが、大衆の資産形成においては重要である。そうした意味で、金融教育、金融リテラシーの向上への努力が、あらためて問われる。

【参考文献】
・厚生労働省「国民年金及び厚生年金に係る財政の現況及び見通し
　　―2019（令和元）年財政検証結果―」（2019年8月27日）〈https:
　　//www.mhlw.go.jp/content/000540199.pdf〉
・駒村康平編『エッセンシャル金融ジェロントロジー』慶應義塾大
　　学出版会、2019
・藤木裕『入門テキスト　金融の基礎』東洋経済新報社、2016
・吉野直行監修、上村協子・藤野次雄・重川純子編『生活者の金融
　　リテラシー』朝倉書店、2019

第 Ⅴ 章

# 金融機関経営を圧迫する
# マイナス金利政策

黒田東彦総裁率いる日本銀行の異次元金融緩和の弊害が目立ってきた。もともと効果が期待できない量的金融緩和は、逆に弊害ももたらさない。しかし2016年1月に踏み切ったマイナス金利政策は、金融機関の収益を蝕み金融システムに負担を与える。金融機関の収益力が盤石であれば、マクロ経済のためにそれも仕方ないが、収益力が弱った邦銀にとって、マイナス金利のもたらすダメージは大きい。特に地方銀行・信用金庫等の地域金融機関にとっては死活問題である。本章では、近年の日本銀行の金融調節を概観し、それを評価したうえで、これが金融機関経営、さらには金融システムにどのような影響を与えているのかを考察する。

 ## 黒田異次元金融緩和の限界

### ◆日本銀行の大実験：1999年ゼロ金利、2001年量的金融緩和導入

　1999年2月、97年秋からの大手行破綻等の金融危機を受け、日本銀行は政策金利を0％とする「ゼロ金利政策」に踏み込んだ。その後2000年、06年に一時的にゼロ金利を解除しプラス金利に復帰した時期もあったが、大まかには1999年から20年以上にわたり日本ではおおむねゼロ金利政策が敷かれていたことになる。

日本では、1990年代半ばからデフレ（デフレーション）が続いており、金利をゼロ（0）％まで下げても実質金利（名目金利−期待物価上昇率）はプラスで高止まる。これは、金融政策が日本経済にブレーキをかけ続けてきたことを意味する。中央銀行当座預金やインターバンク金利ではマイナス金利を設定するのは可能だが、一般的な預金金利や貸出金利ではマイナス金利とすることはできず、基本的に金利の下限はゼロである。法的な制約はないとして銀行が預金金利をマイナスとすれば、預金から現金に資金がシフトする。現金の金利はゼロであり、マイナスにはならないからである（現金も定期的に価値を割り引くような仕組みをつければマイナス金利を設定できるという論があるが、これは現実的ではない）。現金は預金と異なり信用創造機能をもたないので、非金融部門の現金保有比率が増えると信用乗数が低下し、そのぶん、金融引き締め効果が生じる。

　インフレーション／デフレーションには、それぞれまったく正反対の功と罪があるが、デフレには（インフレとは異なり）金利の下限がゼロであることによる「実質金利の高止まり」という弊害がある。この弊害を克服して、何とか金融緩和を深めようとして編み出されたのが量的金融緩和（QE）である。通常は金利低下とマネタリーベース（ベースマネー、ハイパワードマネー）の増加は同時に起こるが、金利がゼロに低下してそれ以上下がらない状況のなかでマネタリーベースを拡大し、総需要の拡大と物価の上昇（デフレ脱却）を図る政策である。実際には、中央銀行が国債を金融機関から大量に買うこと（買いオ

ペ）により中央銀行預け金（準備預金）を「取り崩して」金融機関に供給し、これをもとに金融機関が積極的に貸出を増やすこと（ポートフォリオ・リバランス効果）を通じてマネーストックの増加と総需要の拡大を図るものである。

日本銀行は、2001年3月に、世界に先駆けて量的金融緩和政策を開始した。

しかし、日本銀行の期待に反して金融機関の貸出は伸びず、マネーストックはほとんど増えない（第Ⅰ章の図表1－2参照）。したがって、名目GDPも低迷し、日本銀行が設定した物価上昇率目標（＋2％）も達成されていない。これは、企業の資金需要が弱いこと、長引く金融緩和に伴い銀行の預貸金利鞘が縮小を続け銀行を通じた金融仲介機能が細ったことによるものであろう。筆者は、量的金融緩和の議論が出始めた2000年頃から、「QEの効果はない」と言い続けてきたが、どうやらそのとおりになったとみてよかろう。

マネタリストは、MV＝PT（マネーストック×流通速度＝物価×取引量）というフィッシャー交換方程式を掲げて、「デフレは貨幣的現象」と述べ、「中央銀行がマネーを供給すれば物価はおのずと上がる」と主張してきた。ここから、「ヘリコプター貨幣論」や「MMT（現代貨幣理論）」も出てきた。筆者は、交換方程式を否定しているわけではない。たしかに大きな物価変動は、基本的にマネーストックの変動による。筆者が指摘してきたのは、「ゼロ金利下でマネタリーベースをいくら拡大しても、銀行貸出が増えなければマネーストックは増えず、

貨幣交換方程式にも影響が及ばない」ということである。すなわち、マネタリストの議論に乗る以前に、銀行行動と企業の資金需要が、量的金融緩和の効果を阻んでいるのである。

　準備預金（日銀預け金、日銀当座預金）を大量供給する量的金融緩和は、銀行等への流動性を高める効果はあった。これが、2003年以降の日本の金融システムの安定や、リーマン危機時の日本の金融システムの頑強さにつながったとも評価できる。ただし、同時にそうした金融のセーフティネット強化により、金融界にモラルハザードが生じているとの見方もある。

　他方、「ゼロ金利を物価上昇率がプラスに転じてもしばらく続ける」と宣言することは、期待金利を長期にわたって低下させ、国債金利や貸出金利の低下をもたらす。これは時間軸効果と呼ばれる。これは実体経済に功罪両面の意味をもつ。量的金融緩和がそうしたゼロ金利の長期化を担保する役割を果たしていたとすれば、そこには一定の意味も見出せないわけではない。

## ◆QQE→マイナス金利政策→長短金利操作

　2013年3月に就任した黒田総裁は、第2次安倍晋三政権のアベノミクスの第1の矢として、「異次元金融緩和政策」を進めた。就任直後の2013年4月4日には、まず「量的・質的金融緩和（QQE）」を打ち上げた。前任者の白川方明総裁時の末期に導入した物価上昇率目標（インフレターゲット）を2％に引き上げ、これを2年以内に実現するために、マネタリーベースを

２年で２倍に拡大すると宣言した。そのために、国債購入を年間20兆円から50兆円に拡大し、残存期間の長い国債も対象とするとした。さらに、ETF（上場投資信託）等のリスク資産の積極的な購入を進めるとした（図表５－１）。2014年10月31日には、QQEをさらにバージョン・アップしている。

　この派手なQQEの本質は、2001年から実施している量的金融緩和と同じである。「質的」とあるのは、ETF等日本銀行の買い取る資産がリスク資産にも拡大することをいっているが、カネに色がないのであれば、国債購入とマクロ経済的には同じである（株価押し上げ策としての効果はあるが、それは日本銀行は否定している）。したがって、前述のとおり、銀行貸出が増加しない限りマネーストックは増加せず、その効果があるはずがない。銀行貸出がマネー供給の命綱を握っている点は、黒田総裁以前と変わっていない。

　黒田日銀の異次元金融緩和の基本目標である「２年以内に２％の物価上昇率」という目標は、２年たった2015年にも達成はされず、日本銀行は2016年１月29日に突如「マイナス金利政策」に踏み切った（図表５－１）。これは、金融調節の基本理念を、従来の「マネタリーベース、国債購入額」といった量から、「金利」にシフトさせたことを示す。もちろん公式には「量的緩和」を維持するといっているが、金利をターゲットとする以上、もはや量的緩和ではなく金利政策である。繰り返すが、筆者は、量的金融緩和は、効果がないが弊害も少ない「どちらでもよい政策」と考える。これに対し「マイナス金利政

図表 5 - 1　日本銀行の異次元金融緩和政策（2013年 4 月以降）

| 2013年 4 月 4 日「量的・質的金融緩和」の導入 | ●2 年以内に「2 ％の物価上昇率」を達成<br>●マネタリーベース増加：2 年で 2 倍に拡大（年間60兆〜70兆円増）<br>●国債の買入れ：保有額・残存期間を 2 年で 2 倍に<br>　保有額：2013年20兆円→50兆円増、平均残存期間：現状の 3 年→ 7 年に<br>●リスク資産の買入れ：ETF残高（2013年）5,000億円増→年間 1 兆円増、J-REIT残高（2013年）100億円増→年間300億円増 |
| --- | --- |
| 2014年10月31日「量的・質的金融緩和」の拡大 | ●「2 ％の物価上昇率」目標の継続<br>●マネタリーベース増加：年間80兆円増<br>●国債の買入れ：残高を年間80兆円増（30兆円追加）、平均残存期間：7 〜10年に<br>●リスク資産の買入れ：ETF残高年間 3 兆円増（3 倍）、J-REIT残高年間900億円増（3 倍） |
| 2015年12月18日「量的・質的金融緩和」の拡大 | ●「2 ％の物価上昇率」目標の継続<br>●マネタリーベース増加：マネタリーベースの年間80兆円増（不変）<br>●国債の買入れ：残高が年間80兆円増（不変）、平均残存期間：7 〜10年（不変）<br>●リスク資産の買入れ：ETF残高年間 3 兆円増（不変）、J-REIT残高年間900億円増（不変）、CP等残高2.2兆円を維持、社債等残高3.2兆円を維持 |
| 2016年 1 月29日「マイナス金利付き量的・質的金融緩和」の導 | ●「2 ％の物価上昇率」目標の早期実現<br>●マイナス金利の導入（日銀当座預金を 3 階層に分け政策金利残高に▲0.1％の金利を適用）<br>●マネタリーベース増加：年間80兆円増（不 |

| 入 | 変） |
|---|---|
| | ●国債の買入れ：残高を年間80兆円増（不変）、平均残存期間：7〜10年（不変） |
| | ●リスク資産の買入れ：ETF残高年間6兆円増、J-REIT残高900億円増、CP等2.2兆円、社債等3.2兆円 |
| 2016年9月21日長短金利操作付き量的・質的金融緩和 | ●長短金利操作（イールドカーブ・コントロール）<br>短期金利：日銀当座預金の政策金利残高に▲0.1％の金利を適用（不変）<br>長期金利：10年物国債金利がおおむね0％となるよう国債買入れを行う（新規）、平均残存期間定め廃止 |
| | ●長短金利操作のための新型オペ導入：日銀指定利回りによる指値オペ、オペの対象；1年→10年 |
| | ●リスク資産の買入れ（不変）：ETF6兆円増、J-REIT900億円増、CP等2.2兆円、社債等3.2兆円 |
| | ●オーバーシュート型コミットメント：イールドカーブ・コントロールを2％の物価上昇率目標達成まで継続 |
| | ●マネタリーベース：拡大を目指すが明示的な目標は設定しない（金利目標達成のための変動を許容） |
| 2018年7月31日強力な金融緩和継続のための枠組み強化 | ●「2％の物価上昇率」目標の達成まで超低金利を継続（政策金利のフォワードガイダンス導入） |
| | ●長短金利操作（イールドカーブ・コントロール）の継続<br>短期金利：日銀当座預金の政策金利残高に▲0.1％の金利を適用（不変） |

長期金利：10年物国債金利がおおむねゼロ％
となるよう国債買入れ（ただし±0.2％程度
の変動を容認する）
●リスク資産の買入方針（不変）

（出所）　日本銀行「金融市場調節方針に関する公表文」により筆者作成
https://www.boj.or.jp/mopo/mpmdeci/state_all/index.htm/

策」は、総需要拡大効果をもつかもしれないが、同時に弊害も
ある。

　マイナス金利政策は、金融機関が日本銀行に保有する当座預
金のうちの政策金利残高にマイナス金利を付与するものであ
り、預金金利や貸出金利をマイナスにするわけではない。単に
銀行間の金利の一部がマイナスになっただけではあるが、その
効果は甚大で、ほどなくして国債金利はマイナス圏に沈み、貸
出金利は０％に向けて下がり続けた。この結果、銀行等の預貸
金利鞘は縮小し、特に地域金融機関の収益は深刻な打撃を被っ
た。当然金融界からは悲鳴があがったが、黒田総裁は「（マイ
ナス金利は）弊害よりも好影響のほうが大きい」としてマイナ
ス金利をやめず、それどころか景気が悪化したり円高が進んだ
りするたびに「マイナス金利の深掘り」の可能性をほのめかし
ている。

　その後、黒田総裁も少しは金融機関の収益悪化が気になった
のであろう。2016年９月21日には、短期の政策金利だけでなく
長期の金利にも誘導目標を設定する「長短金利操作付き量的・
質的金融緩和」（イールドカーブ・コントロール）に移行し、こ

の政策方針が現在も続いている。長短金利操作とは、「短期金利の日銀当座預金の政策金利残高についてはマイナス（▲）0.1％の金利を誘導目標とし、長期金利の10年物国債金利についてはおおむね０％を誘導目標として国債買入れオペを行う」という政策である。長短金利に0.1％の金利差を確保し、金融機関の利鞘を確保しようとするものである。金融理論では、中央銀行は長期金利を直接コントロールできないと考えられているため、国債金利の誘導において「日銀指定利回りによる指値オペ」という強引な手法を用いることになった。まさに管理相場、あるいは計画経済ではないかという手法である。また、2016年以降マネタリーベースや国債購入額には、従来ほどコミットしなくなった。黒田総裁は、いまだに「大胆な量的緩和を行う」と折に触れて述べるが、どうやら本音では量的金融緩和（QE）の考え方はすでに葬っているのであろう。実際、日本銀行の国債購入額は顕著に減少し、年間購入額は異次元金融緩和開始当時（2013年）の25兆円を下回っている。市場では「ステルス・テーパリング（隠れた撤退）」と揶揄されている。

## ◆手詰まりの黒田異次元金融緩和

2013年４月以降の異次元金融緩和政策を総括しよう。まず、異次元の量的金融緩和政策については、案の定、ほとんど機能しなかった。旺盛な国債買いオペの結果、日銀当座預金は膨大に積み上がりマネタリーベースは急増したが、銀行のポートフォリオ・リバランスは進まず、国内向け貸出は低迷しマネース

トックはほとんど増えなかった。金融論の教科書にあるとおり、「中央銀行はマネーストックを直接コントロールできない」ことが壮大な実験の結果、あらためて判明した。当然、フィッシャー交換方程式の右側のPTと連動する名目GDPも低迷し、日本銀行が設定した物価上昇率目標（＋2％）も達成されなかった。

　また、金融市場に投入された行きどころのないマネーが株式市場や対外投融資としてあふれ出し、株価の上昇と円安をもたらした。そもそもそれが日本銀行の目的であったとすれば、この部分では成功であったのであろう。ただし、こうした要因でもたらされた株高・円安は、量的緩和の縮小とともに逆転するバブルのようなものである。

　2016年1月から実施したマイナス金利政策は長期金利を引き下げる効果をもったが、それは金融機関の収益悪化という甚大なコストを伴うものであった。続いて2016年9月に繰り出したイールドカーブ・コントロールは、ねらいは理解できるが実効性に疑問がある。実際、長期国債金利は日本銀行の購入が細っているのにもかかわらずマイナス圏内に突入し、中期国債利回りは短期誘導金利を下回り逆イールドとなり、金融機関の収益を圧迫する。こうした状況をみて、日本銀行は2018年7月には±0.2％程度の長期金利の変動を容認する姿勢をみせたが、長期金利の下落は止まらず2019年9月には▲0.3％近くまで下がり、より長期の残存17年物国債の利回りまでマイナス圏に転落した。やはり日本銀行は国債金利をコントロールできないよう

だ。本気で国債金利を０％近くに戻すには、日本銀行は国債売りオペに踏み切らねばならないのではないかとすら思う。そこまでするくらいであれば、マイナス金利をやめるほうがよほど適切であろうが……。

日本銀行は、2013年に黒田体制となってから、あるいはさかのぼれば2001年に量的金融緩和を始めて以来、手をかえ品をかえて金融緩和を模索してきた。しかし、さすがにもう手詰まりである。2020年２月以降、新型コロナウイルス感染拡大による経済、金融市場の大混乱を前に、米国FRBが政策金利を０％に思い切って引き下げるなかで、日本銀行はETFの大量購入により株価を直接支える以外、新たな手を打てなかった。黒田総裁がしばしばほのめかしてきた「マイナス金利の深堀り」にも踏み切れなかった。それはマイナス金利が、金融システムに過剰な負担を強いていることを日本銀行自身がよく認識しているからにほかならない。そもそも金利が０％に至った時点で、中央銀行の金融政策には打つ手がないことを認識し、経済構造の地道な改善（いわゆる成長戦略）等に集中するしかないことを、一般大衆を含めて認識しなければならない。

## ◆マイナス金利は逆効果：金融緩和効果、インフレ期待をそぐ

あらためて、マイナス金利政策は罪が深い。第Ⅰ章で述べたことをおさらいしてみると、次のとおりであり、看過できない。

弊害の第1は、前述のとおり金融機関の収益を削いでいることである。マイナス金利は、金融機関にとって課税と同様の効果があり、それ自体が負担である。超低金利、とりわけマイナス金利が長期化することで、金融機関の運用金利はさらに低下し、預貸金利鞘はゼロに近づき、信用コストを考慮すると採算割れしている可能性も高い。このまま放置すれば、地域金融機関が次々に破綻し銀行業のビジネスモデルが行き詰まる、貸出市場が消滅する、といった事態に陥りかねない。

　第2に、銀行の貸出採算悪化の結果、貸出が抑制されマネーストックが伸びず、金融緩和効果が削がれることである。銀行の貸出の損益分岐金利を米プリンストン大学のマーカス・ブルネルマイヤー教授は、リバーサルレートと呼び、貸出金利がここまで下がると金融緩和はもはや効かなくなると論ずる。

　第3に、長短金利のイールドカーブが破壊された弊害も大きい。超低金利、とりわけ短期のマイナス金利が長期化することで、長期金利も水面下に沈み、長短の金利差がなくなり、短期と中期の金利では逆イールドになった。日本銀行は2016年9月に慌てて「長短金利操作付き量的・質的金融緩和」を始めたが、これも思うように機能していない。やはり長期金利は中央銀行には操作できないようだ。イールドカーブが失われると、債券市場は衰退する。長期にわたる異次元金融緩和は、貸出市場だけでなく債券市場も殺している。

　第4に、インフレ期待の醸成を阻害する。マイナス金利が大々的に喧伝されると、市場関係者から一般消費者まで、将来

にわたってデフレが続くと考え、期待インフレ率の足を引っ張る。消費者は買い控え（消費の先送り）をして、貯蓄にいそしむ。その結果、デフレ圧力が働き、期待インフレ率はさらに低下する。そもそもデフレ脱却のための金融緩和であるが、マイナス金利政策がかえって期待インフレ率を低下させ、デフレ脱却を遠のかせているとすれば、これは皮肉な話である。

　第5に、財政規律が損なわれる。中央銀行による国債の直接引受は、どの国でも禁じられており、日本でも財政法で禁じられている。しかし、現実には新発債の多くがすぐに日本銀行に買い取られる構図が続いており、実態的には中央銀行が国債を引き受けていることと大差ない。安倍政権は増税を嫌い、しばしば歳出を緩める傾向にあるが、その背景には、国債発行に伴う利払いがゼロ金利政策のもとで極限まで少なくなり、日本銀行の国債買入れにより国債消化の懸念がほとんどない、という甘えがあることは明らかである。財政規律はすでに失われているというべきであろう。

　このように異次元金融緩和は、すでに金融機関に大きな負担を与え、債券市場を破壊する等多くの弊害をもたらしている。中央銀行は、物価の安定、経済成長だけでなく、金融システムの安定にも大きな責任をもたねばならない。現在の日本銀行は、どう考えてもデフレ脱却に傾注し過ぎであり、健全な金融システムの維持、市場育成に注意を払っていない。まずマイナス金利をやめ、量的金融緩和もテーパリングで出口に向かい、何年か後には政策金利を1％以上に引き上げ、正常な金融政

策・金融システムを取り戻してほしい。その過程で、銀行の貸出金利は底を打ち高まるであろうが、物価が安定しており政策金利が１％程度にとどまるのなら、貸出金利が急上昇することもなく景気への悪影響を心配するほどではなかろう。円高を心配する向きもあろうが、国債金利が上昇し債券価格が下がる過程では、海外の日本国債需要が低下し円安が進むかもしれない。いま行うべきは、マイナス金利の深掘りではなく、マイナス金利政策の解消と正常な金融政策への回帰である。

　結局、2013年からの黒田総裁のもとでの異次元金融緩和は、目くらましにすぎなかった。あるいは、時間を買う効果だけであった。そもそも量的金融緩和は、マネー供給のロジックを考えるとリアルな効果は期待できないが、物価が上がり始めてもゼロ金利を維持するという「時間軸効果」とセットになってはじめて意味をもつ、すなわち「時間を買う」政策である。黒田総裁の異次元金融緩和も、数年間の期待を買うための単なる幻想であったようだ。そして夢から覚めると、2013年以前と同じ課題が横たわっている。なんとも疲労感だけが漂う。

# マイナス金利が金融機関の収益を圧迫

## ◆金融仲介機関の利鞘が縮小

　もともと低かった日本の金融機関の収益力は、超低金利政策の長期化、そしてマイナス金利政策によりますます悪化してきた。邦銀の当期純利益はリーマン危機後回復していたが、2014年度頃から頭打ちになり、2018年度には顕著に低下した。2010年度頃から資金利益が減少を続け、これがコア業務純益の停滞の主因となっている（図表5-2）。特に地域銀行の資金利益の減少は著しい。2010〜15年度頃には債券関係損益が若干利益に貢献していたが、2016年度以降それもなくなった。信用コストも時折利益の減少要因として働いている。2016〜18年度の債券関係損失は主に米国金利上昇による外債の損失によるが、2020年には世界の株価が暴落しており、2019年度以降の証券関係の損益も大変厳しい状況にある。

　バブル崩壊以降、日本の金融機関は融資機会の減少から国債等の高格付債券に投資して利鞘を確保してきた。国債はバーゼル規制においてリスク資産としてカウントしなくてよいこともあり、国債金利が預金金利をわずかでも上回っていれば、採算のとれる運用対象であった。それが、2016年1月のマイナス金利政策導入後は、国債金利が短いものから次々にマイナスに沈

## 図表5－2　邦銀の当期純利益の推移と内訳

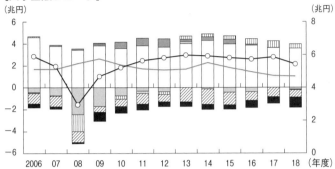

[大手金融グループ]

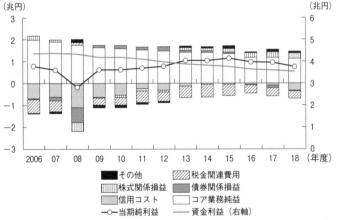

[地域銀行]

凡例：
- その他
- 税金関連費用
- 株式関係損益
- 債券関係損益
- 信用コスト
- コア業務純益
- 当期純利益
- 資金利益（右軸）

（注1）　大手金融グループは、みずほFG、三菱UFJFG、三井住友FG、りそなHD、三井住友トラストHD、新生銀行、あおぞら銀行の合計、非資金利益／コア業務粗利益。

（注2）　2012年度以降、投資信託解約益をコア業務純益、資金利益から除く。

（出所）　日本銀行「金融システムレポート」（2019年10月）p.46、図表V－1－1

https://www.boj.or.jp/research/brp/fsr/data/fsr191024a.pdf

没し、いまや10年物国債金利もマイナスとなり預金金利を下回り、逆鞘となってしまった。国債の流通利回りが下がり続ける過程では、価格上昇による評価益・売却益が期待できるがいまやそれも期待できない。金融機関の国債投資は、すでに損失しか生まない不採算運用となっている。

それに加えて、貸出金利の低下が預貸金利鞘の縮小をもたらしている。全国銀行（国内業務部門）の預貸金利鞘は、2019年度9月期には0.2％にまで低下した（図表5－3）。預金金利等の資金調達コストも低下傾向だが、それ以上に貸出金利の低下ペースが速い。これは異次元金融緩和により長期金利が低下を

図表5－3　全国銀行の預貸金利鞘（国内業務部門）の推移

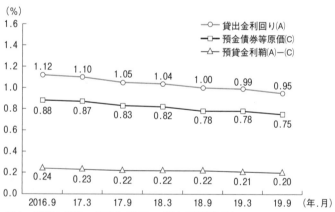

（注）　預貸金利鞘＝貸出金利回り－預金債券等原価
（出所）　全国銀行協会「全国銀行の2019年度中間決算の状況（単体ベース）」（2019年12月27日）p.7、第6表
　　　　https://www.zenginkyo.or.jp/fileadmin/res/abstract/stats/year2_01/cont_2019_interim/stat0536.pdf

続けていることが主因である。後述するとおり、地域金融機関の信用コストが拡大しつつある。預貸金利鞘がここまで縮小すると、景気悪化等により信用コストが少し拡大しただけで利鞘はマイナスに転じ、貸出全体が不採算ということになってしまう。

## ◆銀行の不良債権・信用コストが拡大

金融仲介金融機関（銀行等）の信用コストを業態別にみると、大手行はマイナス圏内にとどまっているが、地域銀行も信用金庫も2016年度頃を底に顕著に上昇してきている（図表5－4）。地域別にも大都市圏、地方とも信用コストは上昇してい

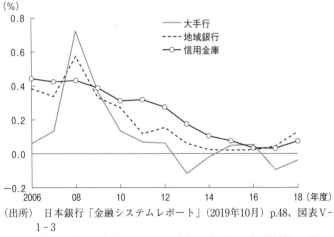

図表5－4　銀行等の業態別信用コスト率（信用コスト／貸出残高）

（出所）　日本銀行「金融システムレポート」（2019年10月）p.48、図表Ⅴ－
1－3
　　　　https://www.boj.or.jp/research/brp/fsr/data/fsr191024a.pdf

る。

　リーマン危機後低下し低位安定していた信用コスト率が上昇
してきた背景には、それまで経営再建を支えてきた取引履歴の
長い業績不振企業を取引銀行が支え続けられず、破綻懸念先に
ランクダウンし貸倒引当金を積み増すケースが増えたことが主
因とのことである。また、資金需要が乏しいなかで、リスクの
高い先に無理をして貸出を増やしてきたケースも多くなってい
るようである。これらの背景には、長引く超金融緩和のなかで
不振先についても貸出金利が低下し、銀行の貸出採算が悪化し
たことがある。「ゾンビ企業」に対する不採算融資が縮小する
ことは日本経済の健全性が向上する点では好ましいが、金融シ
ステムにとっては負担となる。従来から筆者を含む"反リフレ
派"は、「超金融緩和、とりわけマイナス金利政策は、預貸金
利鞘の縮小を通じて金融システムに負担を与える」と警鐘を鳴
らしてきたが、それが現実になってきた。

　こうした状況を受け、2019年12月末の新聞報道によれば、金
融庁は2019年に改定した地域金融機関向けの監督指針に盛り込
んだ早期警戒制度を初めて適用し、存続が危ぶまれる地方銀行
の重点監視に入る。全国の地方銀行103行のうち10行程度を対
象に検査を行い、収益力向上と資産の健全化を迫る、とのこと
である。

　2002年に導入された早期警戒制度は、「持続可能な収益性」
「将来にわたる健全性」を重視してモニタリングを行い、より
早期から経営改善に迫るものであった。

超金融緩和は、銀行の貸出にブレーキをかけるだけでなく、貸出の質の悪化をももたらし、金融システムを着実に浸食しつつある。

## 3 非資金利益拡大の切り札、口座維持手数料

### ◆欧米に比べ見劣りする邦銀の非資金利益

金融仲介による資金利益が枯渇しかかるなか、銀行等は手数料（のネット受取り）等の非資金利益（なかでも役務取引等利益）の拡大に走るしかなくなった。しかし、邦銀の非資金利益の基盤はきわめて貧弱であり、これを早急に高めることは至難の業である。非資金利益のコア業務純益に占める比率を業態別にみると、大手行では上昇基調にあるがいまだ40％程度にとどまっている（図表5－5）。同比率は地域銀行では15％弱、信用金庫は5％弱にとどまっており、収益源として成り立っていない。また地域銀行・信用金庫では、非資金利益の比率は緩やかに低下してきている。

これに対し、諸外国の地域金融機関の非資金利益比率は、欧州が25～58％程度（中央値37％）、米国が12～24％程度（中央値18％）と、日本の8～16％程度（中央値11％）よりかなり高い（図表5－6）。特に欧州の地域金融機関の非資金利益比率は高

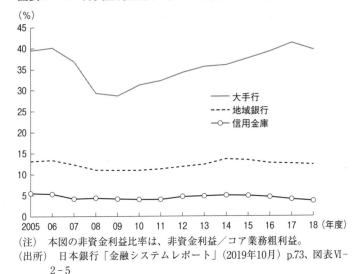

図表 5 − 5　非資金利益比率（コア業務粗利益対比）

（注）　本図の非資金利益比率は、非資金利益／コア業務粗利益。
（出所）　日本銀行「金融システムレポート」（2019年10月）p.73、図表Ⅵ- 2 − 5
　　　　　https://www.boj.or.jp/research/brp/fsr/data/fsr191024a.pdf

く、日本の地域金融機関とはまったく異なるビジネスモデルを有していることがわかる。ECB（欧州中央銀行）が果敢にマイナス金利政策を進めることができたのは、このように金融機関が金利に左右されない収益構造をもっているからにほかならない。

## ◆口座維持手数料導入の動き

邦銀は、これまでATM利用手数料や振込手数料を引き上げて非資金利益の拡大に努めてきた。しかし思うように拡大ができないなか、非資金利益拡大の最後の砦として「口座維持手数

図表 5 - 6　地域銀行の非資金利益比率の国際比較

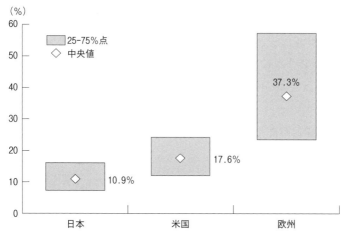

（注）　本図の非資金利益比率は、（業務粗利益−資金利益）／業務粗利益。
　　　日本は地域金融機関。米国・欧州は日本の地域金融機関の業務粗利益
　　　が最大の金融機関より大きい先を除く全金融機関。OECD、S&P、
　　　Global Market Intelligence統計等により日本銀行集計。
（出所）　日本銀行「金融システムレポート」（2019年10月）p.73、図表Ⅵ-
　　　2 - 6
　　　　https://www.boj.or.jp/research/brp/fsr/data/fsr191024a.pdf


料」導入構想が急浮上した。口座維持手数料は、実質的に預金
金利をマイナスにすることを意味するため、欧州と日本で議論
が高まっている。

　欧州では、法人預金にはマイナス金利を適用してきたが、さ
すがに個人預金にマイナス金利を課すことまではせず、いま、
口座維持手数料の拡充を企図している。たとえば、デンマーク
のユスケ銀行は2019年12月から預金残高750万クローナ（約
２億円）を超える預金に年間0.6％の手数料を課す。スイスの

UBS銀行は2019年11月から預金残高200万スイスフラン（約2億2,000万円）超のスイスフラン建て預金に0.75％の手数料を、100万ユーロ（約1億2,000万円）超のユーロ建て預金に0.6％の手数料を課している。クレディ・スイスも100万ユーロ超の預金に0.4％の手数料を課している。

　米国では、（銀行によって異なるものの）多くの銀行が月額7〜15ドル程度の口座維持手数料を課し、口座維持手数料の総額は351億ドル（2017年）に達する。これは非資金利益の15％、粗利益の5％を占める。ただし米国でも、一定の預金残高（500〜1万ドル）以上の預金をもつ顧客については手数料を免除しており、多くの預金者は手数料を免れている。また、すべての銀行が手数料を徴求しているわけではなく、コミュニティバンクやリージョナルバンクは通常、口座維持手数料を課していない。

　日本では、欧州諸国と異なり、銀行が預金にマイナス金利を適用することは法解釈上認められないとの考え方が一般的である（金融法委員会「マイナス金利の導入に伴って生ずる契約解釈上の問題に対する考え方の整理」2016年2月19日）。だからこそ、預金者にコスト負担を求めるのであれば、口座維持手数料を導入するしかない。

　邦銀は、これまで本格的な口座維持手数料を課してこず、これを課すことは長年の邦銀の悲願であった。日本では、1994年にシティバンク銀行（現在はSMBC信託銀行プレスティアが業務を引き継いでいる）が、1口座当り月額2,000円の手数料を課し

たのが最初である。しかし、シティバンク銀行の口座維持手数料は、30万円以上の預金残高をもつ顧客は免除されており、実態として手数料がかかるケースはまれであろう（筆者も30万円以上の残高を確保し手数料を免れている）。2000〜02年にかけて、ジャパンネット銀行、東京三菱銀行（現在は三菱UFJ銀行）、アイワイバンク銀行（同セブン銀行）、新生銀行、三井住友銀行が同様に月額100〜1,000円の口座維持手数料を課したが、いずれも預金残高10万円以上保有する預金者や給与振込指定顧客について手数料を免除している。結局、日本では、いまだ本格的な口座維持手数料を課している銀行はない。

　2019年12月、三菱UFJ銀行が、2020年10月から「２年間取引がない不稼働口座に1,200円の手数料をかける」ことを計画していると報道された。ただし対象は、新規開設口座だけであり、既存の4,000万件の口座は対象としない、ということのようである。既存の預金口座について、当初の預金約款に記されていない費用を後から徴求することは顧客にとっての不利益変更に当たるため、たとえ不稼働口座であっても口座維持手数料は徴求できないとの判断による。そうであれば、日本では意味のある規模の口座維持手数料は不可能ということになる。既存の口座にも、口座維持手数料を課すことが可能なように、なんらかの法的な手当を整える必要があろう。

## ◆手数料を課すべきは大口預金か小口預金か

　口座維持手数料を導入する際にまず考えるべきは、大口預金

口座に手数料を課すべきか、小口預金口座に課すべきかである。日本でささやかに実施されている既存の口座維持手数料は、一定額以上の預金は免除されており、小口預金にのみ負担を求めている。これは一見妥当に思われるが、実はその正当性には議論の余地がある。

　もし、預金金利をマイナスにすることができれば、預金者が「支払う」金利負担は、定率で預金残高に比例して増減する。たとえば、預金残高が大きいほど金利負担は大きくなる。マイナス金利の代替手段として口座維持手数料を課すのであれば、一定の手数料「率」を設定して「定率」で預金残高に応じて手数料が増加する仕組みとするか、大口預金ほど高い手数料を課すのが理にかなう。前述のデンマークやスイスの例は、この発想に基づく。

　他方で、預金口座管理や決済システム提供のコストの対価として手数料を課すのであれば、「1口座当り定額」とするのが理にかなう。あるいは、入出金や決済等の口座の利用頻度に比例した手数料を課すのも、理にかなうだろう。税金における応益原則と同様の考え方である。

　これに対し、現状、米銀や邦銀の一部が実施している「ある程度の預金残高がある顧客は手数料を免除する」という方式は、どういう理屈に基づくのだろうか。おそらく「ある程度の預金残高のある顧客は、銀行に収益をもたらすが、少額預金者は収益をもたらさないため、手数料を課す」という発想であろう。これは、銀行の運用金利（貸出金利）がプラスであり、あ

る程度の利鞘がある場合には正しい。預貸金利鞘がプラスの場合には、ほぼゼロ金利の普通預金は、それだけで収益源となる。よって普通預金残高の多い顧客は上顧客となる。しかし、利鞘がゼロ近傍なら、預金は収益源とはならない。特にインターバンク金利や日本銀行預け金の金利、預金保険料がマイナスであれば、預金を集めれば集めるほど銀行の収益は圧迫される。そういう状況が眼前にあるからこそ口座維持手数料を設定せざるをえないのであれば、預金残高が一定以上の口座を手数料免除とするのは理にかなわない。預金者の反乱をおそれてのことであろうが、状況は非常事態であるから、月1,000円程度の手数料を払えない預金者を囲っている必要はないと考えるべきであろう。

　ただし、生活困窮者や高齢者、障がい者等の要配慮者については、手数料免除を検討したほうがよいであろう。できれば、そうした要配慮者に対する手数料は政府セクターが補助金で手当するのが筋ではあるが、それは現実には容易ではないので、銀行界がかぶる必要がある。その際には、要配慮者に対する審査が必要になるであろう。

　マイナス金利の代替として口座維持手数料を課すのなら、邦銀は、預金残高の増加に応じて手数料が増加するデンマーク・スイス方式を、果敢に目指すべきであろう。それができなくても、せめて大口・小口・不稼働を問わずに（要配慮者を例外として）、すべて「一律に」手数料を課すのが次善の策である。

## ◆日本銀行・金融調節への影響

　口座維持手数料は、預金金利を実質的にマイナスにすることであるから、本来は金融緩和がより浸透することを意味する。マイナスの預金金利のもとでは個人は貯蓄より消費を選好し消費が拡大する。貸出金利がさらに低下するならば、企業の設備投資、家計の住宅投資も刺激される。しかし、現在の日本では、銀行の預貸金利鞘はほとんどゼロに縮小している。そうした異常な収益悪化に対抗するために口座維持手数料を導入するのであるから、貸出金利のさらなる下落は見込みにくい（貸出金利がマイナスとなることはないであろう）。よって、マイナス金利（口座維持手数料導入）による総需要拡大効果は、たいして望めない。

　むしろ金融調節面での副作用が大きいかもしれない。大半の金融機関が口座維持手数料を本格導入すると、預金者は資産を預金から現金に移し替えるであろう。日本は、世界に冠たる現金大国であり、預金から現金へのシフトは容易に起こりうる。現金比率が高まると、信用創造の機能が低下し、金融引き締めと同様の効果が生じ、マネーストックに減少圧力が加わる。日本銀行は、金融緩和効果をねらってマイナス金利政策を進めてきたが、これが口座維持手数料導入を通じて、めぐりめぐって金融引き締め効果をもつ可能性がある、これは何とも皮肉である。

## ◆そもそもマイナス金利をやめれば無理はなくなる

このように考えると、そもそも諸悪の根源は「マイナス金利政策」である。マイナス金利をやめればすべて正常化して事態が改善する。ひるがえって考えれば、いま、日本銀行がマイナス金利政策をやめたら、何か不都合はあるのだろうか。銀行の貸出金利は底を打つであろうが、政策金利がゼロ近傍であれば急上昇することもなく、景気への悪影響は心配するほどではないだろう。円高を心配する向きもあろうが、国債金利が上昇し債券価格が下がる過程では、海外の日本国債需要が低下し円安が進むかもしれない。

マイナス金利をやめれば、国債金利は再び水面上に浮上し、これで地域金融機関も国債投資でかろうじて最低限の利鞘を稼ぐビジネスモデルを維持できる。そうした昔ながらの、2015年以前の落ち着いた金融市場に戻すほうが、経済によほど好影響を与えるのではなかろうか。いま進むべき道は、マイナス金利の深掘りではなく、マイナス金利政策の解除である。

仮に銀行界がこぞって口座維持手数料を本導入すれば、「そもそも悪いのは日本銀行だ」という世論を醸成し、マイナス金利終了への圧力とすることも可能である。ぜひ、銀行界は阿吽（あうん）の呼吸で、暗黙のうちに問題意識を共有して（カルテルとはならないようにして）、個別行の判断のもとで口座維持手数料の導入を急いでほしい。

## ◆地方銀行の投資銀行業務への期待

　長引く超金融緩和とマイナス金利の打撃を受け、少なからぬ地域金融機関がビジネスモデルを失いつつある。マイナス金利は解除してほしい。口座維持手数料の広範囲での設定を可能にするような法制度も整えてほしい。しかし、近い将来それが実現する可能性は高くない。環境が整うまでに多くの地域金融機関が破綻しかねない。

　第Ⅰ章で指摘したとおり、家計の潤沢な金融資産を、ベンチャーに向かうリスクマネーにいかにして誘導するかは重要な課題である。また第Ⅱ章で指摘したとおり、日本の中小企業の多くにみられる疑似資本を株式調達（自己資本）に変換していくことも、成長性のある中小企業を育成するために重要な視点である。そうした日本経済の重い課題について、地域金融機関の果たしうる役割は大きい。潤沢な預金を預かりながら運用先に窮する金融機関が、ベンチャー・キャピタルを通じてベンチャーに資金供給したり、地域ファンドや傘下のファンドを通じて中小企業の疑似資本から転換する株式に投資するかたちで中小企業の疑似資本の株式転換に手を貸したり、といった重要な役割がある。

　銀行法施行規則改正により、銀行の株式（議決権）保有制限も緩和される。昨今、証券会社と地方銀行の提携の話が多数持ち上がっている。証券会社の力とノウハウを借りて、上記の課題を履行していくのもよいであろう。これらに成功すれば、地

域金融機関はマイナス金利のもとでも新しいビジネスモデルを
構築でき、生きながらえることができるであろう。

【参考文献】
・翁邦雄『金利と経済』ダイヤモンド社、2017
・白川方明『現代の金融政策』日本経済新聞出版社、2008
・益田安良『「わかりやすい経済学」のウソにだまされるな！』ダ
　イヤモンド社、2013
・益田安良・浅羽隆史『改訂　金融経済の基礎』経済法令研究会、
　2017
・村田啓子「第7章　平成の財政・金融政策の機能不全」鶴光太
　郎・前田佐恵子・村田啓子『日本経済のマクロ分析』日本経済
　新聞出版社、2019

第 **VI** 章

# 金融規制・監督の課題

バブル崩壊後の1994年頃から、日本の金融システムは急速に崩れていった。特に1997～98年には、大手銀行や大手証券会社まで破綻するに至り、まさに日本発世界恐慌の懸念が高まった。この危機的状況は、ペイオフを凍結しつつ、破綻銀行を国有化し、健全行にも資本注入することで乗り切った。その後、銀行の不良債権をあぶりだし、過少資本に陥ったいくつかの銀行を公的管理下に置くことで、2003年頃から金融システムは安定した。この間、多くの議論がなされ、結果的には日本は、第Ⅰ章で述べた金融プルーデンス（金融システム健全性）に関して世界最先端を行くことになった。たとえば、銀行が資産の劣化等により過少資本に陥った際に、広範に公的資金を資本注入する、あるいは金融システムが脆弱な間は預金保険を充実させペイオフを凍結する、といった措置を日本はいち早く行った。こうしたことが、2008年のリーマン危機の際、米国・英国などの金融機関の破綻が相次ぐなかで、日本の金融機関は破綻せず、円の金融市場も比較的落ち着いていたことの理由としてあげられるであろう。

　1～2年後にコロナ禍が終息し、金融市場が落ち着きをとり戻した後には、日本の金融システムの課題として、企業の活発な投資やベンチャー、イノベーションをどのように促すかが重要になる。本章では、日本の金融規制・監督の潮流変化と今後の課題を、海外の潮流変化やバーゼル規制との関連を交えて考察する。

**金融規制・監督の理念と変遷**

## ◆金融規制・監督の根拠

　金融業、特に銀行業が、一般の事業会社よりも厳しい規制に縛られる理由として次の4点があげられる。

　第1に、決済システムはまさに経済の重要なインフラであり、決済の場である預金を受け入れる銀行が破綻すると経済全体に多大な損失が生じる。特に、複雑な債権債務でつながる他の銀行に破綻が波及するシステミック・リスクを起こさないよう、預金取扱金融機関は事業会社以上に厳しく律せられねばならない。

　第2に、銀行業は短期調達・長期運用の資産・負債構造のもとで利鞘を得る業である。そして、負債の中核の預金は要求払いであり流動性が高い一方で、資産の中核の貸出は期限の利益により流動性が低い。このように、銀行は通常の事業ではありえない大きさの流動性リスクを抱える。それでも銀行が存立できるのは、銀行が事業法人よりも高い信用を有しているからである。1990年代末には、邦銀の信用が揺らぎ、預金が流出し、資金調達ができず、多くの邦銀が流動性危機に陥った。逆にいえば、流動性危機に陥らないよう、銀行は事業法人よりはるかに信用力が高くなくてはならない。

　第3に、第Ⅱ章でも述べたように、間接金融においては資金

の出し手（預金者）は、仲介機関（銀行等）がどのように運用するかについてあらかじめ知らされていない。中身もわからずに丼勘定で資金を銀行に預けているわけだが、それは銀行の運用とリスク管理の能力を信頼しているからである。ここにも、銀行の運用とリスク管理の能力が優れていなければならない理由がある。

　第4は、「カネ」という家計・企業にとって重要な財を扱う業だからである。仮に、金融機関が破綻し預金等の顧客の資産が毀損すると、家計や企業は大きなダメージを被る。ただし、これは電気・ガス・水道、食品などのライフライン商品を扱う産業も同様であり、これらの産業にも銀行と同様、多くの規制が課されている。

　これらの金融機関を取り巻く環境に大きな変化はない。したがって、いくら規制緩和が進んでも、金融プルーデンス規制はかなりの程度残るであろう。しかし、たとえば決済については、預金を用いた決済のほかにデジタル通貨を用いた決済の比率が増えると考えられ、規制もそれに対応していかなければならない。

## ◆不良債権問題は終息したが……

　金融機関の健全性を保つうえで最も重要な条件は、金融機関の資産の質を健全に保つことである。負債の部の預金の価格変動はないが、資産の部の貸出金の価値は変動する。DCF（Discounted Cash Flow）法では、貸出金の価値は、その貸出から

得られるキャッシュフローとコスト（経費＋信用コスト）の差額を現在価値に割り引いた値となる。このため、貸出のデフォルト・リスクが高まれば、そのぶん、貸出金の価値は減少し、銀行の純資産（自己資本）は減少し、銀行の健全性は低下する。こうした観点から、デフォルト・リスクの高い貸出である「不良債権」の多寡が、銀行、ひいては金融システムの健全性を測るメルクマールとなる。

バブル崩壊後10年間、日本経済は巨額の不良債権の処理に悩まされた。銀行の不良債権は1990年代後半から急増し、その処理（間接償却、直接償却）により多くの銀行が資本不足に陥り、1997年以降いくつかの大手銀行も破綻した。預金取扱金融機関の不良債権残高（金融再生法開示債権）は、金融危機末期の2001年度末に52兆円をつけた後、減少に転じ、2006年度末には18兆円、さらに2018年度末には10兆円まで減少した（図表6－1）。不良債権は、2008年のリーマン危機、2011年の東日本大震災により少し拡大したが、その後低下した。2018年度末の不良債権比率（不良債権残高／総与信残高）は、預金取扱金融機関で1.4％、大手銀行で0.7％、地方銀行で1.7％、第2地方銀行で1.9％、信用金庫で3.7％、信用組合で3.4％である。これは平時の不良債権比率の水準であり、日本における不良債権問題は2006年頃に一度終息したと考えてよい。

ただし、直近では地方銀行等の地域金融機関で不良債権増加の兆しがあり、その点には注意を要する。第Ⅴ章で述べたとおり、地方銀行10行程度に対し、金融庁は2019年に改定した監督

図表6－1　金融機関の不良債権比率（金融再生法開示債権）

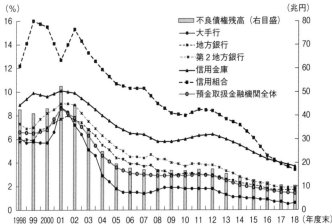

（注）　線は業態別不良債権比率（対総与信残高比、左目盛）。棒は預金取
　　　扱金融機関全体の不良債権残高。
（出所）　金融庁「平成31年3月期における金融再生法開示債権の状況等」
　　　により筆者作成
　　　https://www.fsa.go.jp/status/npl/20190830/01.xls

　指針における早期警戒制度を適用して重点監視に入ったと伝え
られている。また、2020年からのコロナ禍による経済の急速な
悪化により、倒産増加や企業業績の悪化から不良債権は増加す
るであろう。終息したかにみえた不良債権問題は、再び浮上し
つつある。

## ◆ルール・マニュアルからプリンシプルとリスク・ベースの監督へ

金融当局の規制・監督にはいくつかの類型がある。

まず、「規制型手法（regulatory approach）」と「監督型手法（supervisory approach）」である。一般に、金融取引の複雑化、グローバル化に伴い、個別の取引に対する法規制は陳腐化しやすく、しり抜け（regulatory arbitrage）が起きやすくなっている。第Ⅰ章でも述べたが、規制はルール（個別規定）からプリンシプル（原則）に重点を移したうえで当局の監督を強めるというスタイルに移行しつつある。もちろん、ルールは今後も根幹で重要な役割を果たすものであるが、ルールで細かいレベルまですべて規定するのではなく、プリンシプルを示し、それに沿った行動を規制対象業界に求めるという考え方である。

日本は1990年代後半に金融ビッグバンを実施して金融規制を大幅に緩和したうえで、折からの不良債権問題に対処するために金融庁の検査を強化し、1999年には世界に類のない厳しさの金融検査マニュアルを導入し、金融機関に融資先の財務状況の精査や担保の確保、貸倒引当金の計上を厳しく迫った。しかし、当局の厳しい検査・監督は、どうしても恣意的になり、民間金融機関それぞれのイノベーション、リスク管理等へのインセンティブをそぐ。こうした観点から、検査マニュアルは2019年に廃止された。

もう一つの類型は、「個別の取引・行動についての規制・監

督」と、「リスク・ベースの規制・監督」である。

1980年代までは前者が主流であったが、1980年代後半からデリバティブ取引・証券取引の増加や業態間の垣根の低下、グローバル化に伴い、個別取引を規定する規制・監督は困難になった。同時に1980年後半から世界の先進的な金融機関で「総合リスク管理」（資産・負債について信用リスク・市場リスク・流動性リスク等を詳細に計測し総合的に管理する管理手法）におけるイノベーションが進展し、当局はそうした民間金融機関のリスク管理技術の向上を尊重せざるをえなくなった。

このように法規制・監督を民間業者の経営努力と整合的に行うことは、インセンティブ・コンパティブル・アプローチとも呼ばれる。

1988年以降、グローバル・スタンダード（世界標準）として各国の金融規制・監督と金融機関経営に多大な影響を与えるようになったバーゼル規制は、すでに述べたように、金融機関の総リスクに対する自己資本比率に関する規制であって、ここにもリスク・ベースの規制の観念が貫かれているのである。金融庁は、2019年の金融検査マニュアル廃止に伴い、監督庁として金融機関の収益力向上と将来にわたってのリスク管理状況を検査し、それが満たされないときに業務改善命令を発動するという枠組みで対応しようとしている。

## ◆金融庁の今後の規制・監督方針

金融庁は毎年、各事務年度（7月〜翌年6月）の金融行政方

図表 6 － 2　金融庁の金融行政方針（令和元事務年度：2019年 7 月〜
　　　　　　20年 6 月）

| 基本方針 | 具体的な展開 |
|---|---|
| 1　金融デジタライゼーション戦略 | |
| ・データ利活用の促進等のデータ戦略の推進 | 情報銀行の活用。金融機関支援。 |
| ・イノベーションに向けた FinTech Innovation Hubによる情報収集・支援機能の強化 | 多様なプレーヤーの支援。情報収集、支援機能の強化。 |
| ・機能別・横断的法制による多様な金融サービスに向けたイノベーションの促進 | デジタライゼーションに伴う金融法制の整備。決済分野の横断化・柔軟化。 |
| 2　多様なニーズに応じた金融サービスの向上 | |
| ・社会環境の変化や多様なライフプラン・ニーズに応じた金融・情報リテラシーを得られる機会の提供 | 実践的教材の作成、大学への講師派遣。NISA、つみたてNISA普及に向けた取組み。 |
| ・最終需要者の資産形成に資する資金の好循環の実現（⇒家計の金融・情報リテラシー⇒販売会社による顧客本位の業務運営⇒アセットオーナーの機能発揮⇒資産運用業の高度化⇒金融・資本市場の機能・魅力向上⇒コーポレートガバナンス改革） | 運用機関のモニタリング、企業年金スチュワードシップ・コード活動推進。投資運用、商品の見える化。総合証券取引所の実現。企業情報開示の充実。 |
| ・高齢者、障がい者、被災者等の多様な利用者にとっての信頼・安心情報 | 後見制度支援預金の導入。認知症サポーターの要請。被災者への対応高度化。 |
| ・暗号資産への対応 | 資金決済法等改正法の円滑実施。フォワードルッキングなモニタリングの実施。 |
| 3　金融仲介機能の十分な発揮と金融システムの安定の確保 | |

| | |
|---|---|
| ・人口減・低金利環境のもと、金融仲介機能の適切な発揮と金融機関の健全性確保の両立に向け、的確なモニタリング実施 | |
| ・地域金融機関の経営理念やビジネスモデルについて対話・検証 | 金融機関役員との探求型対話の実施。将来にわたる収益性・健全性確保の観点から早期警戒制度を活用。 |
| ・地域金融機関のビジネスモデル確立のための環境整備に向け、業務範囲に係る規制緩和や、地域金融機関の経営・ガバナンスの改善に資する主要論点（コア・イシュー）の策定等を実施 | 金融機関の業務範囲等に係る規制緩和やコア・イシューの策定等のパッケージ策実施。 |
| ＋1　世界共通の課題の解決への貢献と国際的な当局間のネットワーク・協力の強化 | |
| ・各国間の規制の齟齬への対応や、金融技術革新をふまえた規制のあり方の検討等、G20福岡で提起した課題のフォローアップ | 多様な関係者の間の対話を試行。 |
| ・本邦金融機関の海外進出支援に向けた幅広い国との協力強化 | 日中金融協力やミャンマー支援計画等。 |
| ＋2　金融当局・金融行政運営の改革 | |
| ・利用者の視点に立った質の高い金融行政を実現 | 改革目標の設定と取組状況の見える化。 |
| ・このため、職員の自主的な取組みの推進等により組織活性化 | 有志職員の公募、政策オープンラボの実施。 |
| ・分野ごとの「考え方と進め方」による新しい検査・監督の実践 | 対話を重視したPDCAサイクルの実践。 |

（出所）　金融庁「利用者を中心とした新時代の金融サービス―金融行政のこれまでの実践と今後の方針―（令和元事務年度）」（2019年8月28日）により筆者作成

　　　　https://www.fsa.go.jp/news/r1/190828.pdf

針を公表している。直近の令和元事務年度の方針では、３つの基本戦略と２つの関連戦略を示し、それぞれについて個別の展開を示している（図表６－２）。いずれも近年の経済・社会環境変化に対応した妥当な方針であり、幅広く目配りしている点で評価できる。

　個別方針では、収益環境が悪化した地方銀行に対する対応や収益改善策に注目が集まる。特に、合併促進のための特例法（独占禁止法の適用除外）の制定や経営が改善した銀行の預金保険料引下げといったアメの政策と、改善策が不十分な場合には業務改善命令も辞さないとのムチの政策を取り混ぜている点が注目される。

　地域活性化を目的に、銀行が事業会社に出資する際には銀行の５％の出資制限を緩和するとしており、これは、地方銀行が中小企業の株式調達に応じて、ファンドなどを通じて資金を供給すべきとする筆者の提案を、奇しくもサポートする方針である。

　また、戦略の第１に「金融デジタライゼーション」をあげている点は、フィンテックやデジタル通貨の急伸に行政面から機敏に対応しようとする姿勢を示している（第Ⅷ章で詳述）。

## ◆貸倒引当金の適正化

　健全な銀行経営においては、通常確率的に発生する損失（期待損失：Expected Loss）についてはあらかじめ貸倒引当金を計上し、デフォルトに係る損失は引当金でまかない、最終利益に

影響を生じさせない。したがって健全な銀行経営のためには、貸出債権の信用リスクを正確に把握し、これに対して自発的に十分な引当金を積むことが不可欠である。

2019年までは金融検査マニュアルがあり、その別表には貸出債権のリスク区分とそれに応じた貸倒引当金に関する統一的な指針が示されていた。しかし、マニュアル廃止に伴い、地方銀行等が引当金をどの程度積むかについて戸惑っているという。しかしこれは奇異である。貸出債権のリスクがわかれば、貸倒引当金の適正水準は半ば自動的に算出できる。貸倒引当金の算出に戸惑うとすれば、それは各貸出債権のリスクを把握していないことの証左である。貸出のリスクをあらかじめ計量できずに、どうやって貸出金利を設定し融資実行の判断を下せたのであろうか。

おそらく、邦銀の企業向け貸出のなかには、科学的・客観的な計量に基づかず、過去の因習や他行との競争の関係をもとに大胆になされてきたものもあった。信用保証協会の保証がついた融資であれば、貸付銀行はリスク判断などせずに実行するのかもしれない。科学的な計量による内部格付は、バーゼル規制でも求められる。検査マニュアルの廃止を機に、地方銀行も先進的なリスク計測技術を得て、それをもとに科学的にリスクと適正な引当金を計量できる体制を整えなければならない。

## ◆預金保険の可変保険料率は妥当だが、基本方針を定めることが必要

　金融庁は、2019年末の金融検査マニュアル廃止に伴い、預金保険の保険料率を可変料率とすることを検討している。預金保険料の可変料率とは、預金取扱金融機関の財務の健全性等によって、保険料に差をつけることである。金融庁は、前述の令和元事務年度の金融行政方針において、可変料率を「地域金融機関の将来にわたる規律付け・インセンティブ付与のための策」として位置づけた。銀行等、特に地方銀行の収益環境に鑑み、金融庁は、穿った見方をすれば「統合・再編により健全性が向上したら、金融機関の料率を下げる」というアメとしての可変料率導入を目論んでいるかにみえる。

　しかし可変料率は、本来はモラルハザード防止のために、健全性の低い金融機関に高い預金コストを求めて健全化を促すムチの手法である。預金保険の積立金（責任準備金）が潤沢な現在は、健全な金融機関の料率を下げることで始めるかもしれないが、定常状態に戻れば「不健全な金融機関の料率を上げる」という方向で強化される可能性がある。そうなると、健全性が低い金融機関は預金コストが増し、財務状況がさらに悪化するという悪循環に陥る。

　そうした懸念があり、また、そもそも再編・統合等、特定のアクションに誘導するために可変料率を用いるべきではない。しかしながら、金融機関の競争条件の公正化、モラルハザード

防止のためには、可変料率を導入すべきと筆者は考える。諸外国でも導入する国が増えている。また、昨今の金融機関の収益悪化と金融システム危機の懸念の低下を考えると、全体の保険料負担を下げる方向で可変料率を導入しなければならない。

## 2 グローバル潮流への調和

### ◆世界の金融の潮流

2000年代の米国でのサブプライム・ローンのバブル形成・崩壊と、2008年のリーマン危機を経て、世界の金融の潮流の変化が浮き彫りになった。

第1は、金融業のアンバンドリング（機能別に分解され個別機能ごとに金融業者が活動する状況）と非銀行資金仲介機能（シャドーバンキング：影の銀行、証券会社、投資信託、ヘッジファンド等による金融仲介）の拡大、デリバティブ商品の発展に伴い、金融リスクの所在が不透明になったことである。たとえば、リーマン危機の際には、債務者の信用リスク（デフォルト・リスク）を取り出して取引するクレジット・デフォルト・スワップ（CDS：債権を移転せず信用リスクのみを移転させるデリバティブ取引）が膨張し、危機により大きな損失を生み、CDSを大量に保有する保険会社が破綻しかかるなど、大きな混乱を呼んだ。

第2は、伝統的な相対での貸借取引が、証券化を通じて市場取引に転換し、しばしば膨張することである。2000年代初めの米国でのサブプライム・ローン・バブルの形成時には、米国の銀行やローン会社が、信用度の低い家計に住宅ローンを大量に設定した。その住宅ローンの最初の貸し手（オリジネーター）は、融資実行の直後にローン債権を他の金融機関、あるいはそこに組成された特別目的会社（SPV、SPC、SPEなどという）に売り渡し、住宅ローンはそこで証券化され、その証券化商品は証券会社等を通じて世界中に販売されていることがわかった。こうしたローンがすぐに転売され証券化されて広く販売される形態は、「OTD（Originate To Distribute）ビジネスモデル」と呼ばれた。米国のサブプライム・ローン・バブルに限らず、証券化は1990年代から急速に拡大・多様化しており、いまや世界中の金融機関がそこに収益機会を得ている。金融における重要なイノベーションであり、その金融発展における寄与は大きい。しかし、証券化の進展により、伝統的な貸出、およびそれを主たる業務としてきた商業銀行に対する規制が必ずしも適切なものでなくなってきた。

　第3は、危機時に、金融機関を救済（公的資金注入）すべきかどうかについて迷走したことである。2018年9月にリーマン・ブラザーズが破綻した際には米国政府・FRBは救済しなかったが、先に危機に陥った投資銀行ベアー・スターンズや直後に危機に陥った保険会社AIGには、政府保証やFRB融資等の公的支援を施した。

公的資金を用いて私企業を救済することは常にむずかしい判断を伴うが、米国の場合は政府による救済に関して理念や一貫性が感じられなかった。その後の2010年の欧州ソブリン債務危機（PIIGS危機）においても、多くの欧州の金融機関が危機に瀕し、その処理の議論が紛糾した。結局、公的資金を用いて処理するか（ベイル・アウト）、既存の債権者の負担で処理するか（ベイル・イン）について、一定の基準を設けることになったが、その基準も絶対的なものではない。今後も、金融機関の危機のたびに救済すべきかどうかに関する議論は紛糾するであろう。

　後講釈ではあるが、リーマン・ブラザーズは、破綻した時の世界経済へのショックの大きさを考えると破綻させるべきではなかった。これについては多くが賛同するであろうが、「ショックが大きいから破綻させない」というロジックは、新たな難題を生む。Too Big To Fail（TBTF）、すなわち「大き過ぎて潰せない」という問題である。昨今の金融の複雑化を考えると、正確には「Too Connected to Fail」、すなわち「関係が複雑過ぎて潰せない」というほうが適切であろう。この議論は歴史が深い。1984年に米国コンチネンタル・イリノイ銀行が破綻しそうになった際に、破綻のショックを懸念して、米国政府（連邦預金保険公社等）、FRBは同銀行を救済した。日本も、1997〜2003年の大手銀行や地方銀行の破綻に際して公的資金注入・一時国有化等の救済を丁寧に実施し、とうとうペイオフは行わなかった。この際、国民からは「なぜ銀行だけは税金を使

って救済するのか」との非難があがったが、政府や金融専門家の間では「公的資金を注入して清算・ペイオフを避けるべき」という考え方が共通認識となっていた。筆者も、大手銀行は清算すべきではないと考える。すなわちTBTFを容認しているわけである。

TBTFは、世界的な金融危機を回避するために必要なだけでなく、大手金融機関の取引相手が信用リスクを意識しなくなり市場が効率化するというメリットもある。他方で、①市場規律の喪失、②モラルハザード（短期的収益のために過剰なリスクテイクに傾くリスク）、③国民経済コストの拡大、④政治的な癒着、といった深刻な問題も生む。実際に、2008年9月のAIG救済においては、解雇直前の経営陣が巨額の所得を得たという典型的なモラルハザードが生じた。

TBTFにいかに対処するかという観点は、後述の米国の金融制度、そして国際的な金融規制に多大な影響を与えた。具体的には、TBTFの対象となるような巨大な（影響力の大きい）金融機関には、まずRRPs（再建・破綻処理計画）を策定させ、バーゼルⅢにおいてより高い自己資本の負荷を課すという制度が設けられた。これでTBTF問題が完全に払拭されるわけではないが、大きな進展ではある。

## ◆バーゼルⅢの定着へ

バーゼル規制は、1992年に第1弾のバーゼルⅠが導入されて以来、世界中の金融機関の経営、金融当局の規制に多大な影響

を与えるグローバルな「デ・ジューレ・スタンダード（法・規制に基づく標準：既成事実に基づく標準であるデ・ファクト・スタンダードに対する語）」である。基本構造は、信用リスク等の諸リスクの総量の一定比率（当初は8％）の自己資本を金融機関に求める規制である。金融機関は与信や市場取引においてさまざまなリスクに対峙する。そのリスクのうち、通常確率的に発生する損失（期待損失：Expected Loss）についてはあらかじめ引当金を計上してこれで対応し、金融危機など通常予測しえない事態で生ずる損失（非期待損失：Unexpected Loss）については自己資本で対応すべきとし、金融危機時にも債務超過に陥らないためには十分な自己資本をもたなければならない、という考え方がベースにある。すなわち、自己資本を破綻防止のためのバッファーとする考え方である。

　自己資本比率規制については、「実際に破綻した銀行が直前までかなり高い自己資本比率を計上していたケースがある」「バランスシート上の支払能力（ソルベンシー）を示すものであり、現存する企業のデフォルト・リスクを示すには不十分である」といった批判がある。しかし、財務の健全性を包括的かつ端的に示す指標として自己資本比率より優れた指標は見当たらないため、今後も引き続き事前（予防）的プルーデンス政策の中軸として用いられるであろう。ただし、同時に当面のデフォルト・リスクに大きく影響する流動性に関する指標と併用することが妥当であり、そうした観点から、2013年から段階実施されているバーゼルⅢは流動性規制も盛り込んでいる。

バーゼル規制は、世界的な議論を経て高度化してきた。まず1988年に合意し1992年に実施されたバーゼルⅠに対しては、①規定されたリスクウェイト区分が政府向け、銀行向け、事業法人向けを一律に扱い粗過ぎる、②リスク分散化効果（多数の小口融資の総合リスク低下）が考慮されない、③景気循環増幅効果（プロ＝シクリカリティ、pro-cyclicality）をもつ、といった批判があった。景気循環増幅効果とは、好況期に信用リスク低下により分母のリスク量が縮小し分子の自己資本が増加し自己資本比率が上昇し、与信拡大の余地が高まり、これが経済成長を加速する。逆に、不況期にはリスク量が拡大し自己資本の増加が鈍り、自己資本比率が低下して、与信を縮小せざるをえなくなり、これが経済成長を阻害する。自己資本比率規制の存在が景気循環、さらには資産価格の騰落を増幅させるという議論である。

　こうした批判を受け、1990年代末からの長い議論を経て2007年に実施されたバーゼルⅡにおいては、自己資本比率計測の分母のリスク量を各金融機関の内部格付によって算出する方法を基本とすることになった。これにより先進的金融機関の高度なリスク管理が規制にそのまま用いられることになり、規制上の資本（regulatory capital）と経済上の資本（economic capital）が一致し、各金融機関のリスク管理高度化の動機を高めることになった。一種のインセンティブ・コンパティブル・アプローチである。当局の監督は、金融機関のリスク管理体制を最重視すること、ディスクロージャーを通じて市場規律をより強く働

かせること、等も盛り込まれた。また、リスク量に信用リスク、市場リスク、オペレーショナル・リスク（業務上の総合リスク）も加えることになった。しかし、リスク量の算出方法が景気感応的になったことから、バーゼルⅡでは景気循環増幅効果がさらに大きくなったと考えられる。

　しかし皮肉なことに、バーゼルⅡの導入直後にリーマン危機が発生し、バーゼル規制は再度見直しを迫られ、バーゼルⅢが定められ、2013年から段階導入された（2019年初完全導入）。

　バーゼルⅢでは、まず自己資本の質の強化を求め、普通株式等 Tier 1 （自己資本のなかの基本的項目である資本金・法定準備金・利益剰余金等）について、より高い自己資本比率を求めることになった。全般的には、資本保全バッファー（資本保全のためののりしろ分）等の上乗せ分もあり、金融機関に課せられる所要自己資本比率の水準はかなり高まった。また、流動性規制や、レバレッジ比率規制も盛り込まれた。さらに、リーマン危機の教訓をふまえ、前述の証券化商品、デリバティブ取引のカウンターパーティーのリスクの評価をも織り込んでいる。

　TBTF 問題への対応としては、巨大金融機関（G-SIFIs：Globally Systemically Important Financial Institutions）に追加で１〜2.5％の自己資本比率の上乗せを求めることとなった。この結果、G-SIBs である三菱UFJFGは1.5％、みずほFG、三井住友FGは１％の所要自己資本比率の上乗せがなされた。

　また、景気循環増幅効果への対応として「資本保全バッファー」「カウンター＝シクリカル（景気反循環的、counter-cyclical）・バッファー」を設け、これらを景気循環を相殺する方向で調節できることとした。資本保全バッファーは、一般には無条件に求められるものととらえられていたが、本来は金融システム上のストレスが高まった際には取り崩しうる（自己資本の積み増しを求めない）ものである。実際、2020年初からのコロナ禍による経済状況の悪化を受け、バーゼル委員会は「資本保全バッファー」の取崩し容認を示唆している。

　バーゼル規制は、自己資本／リスク資産を一定以上にすることを求める規制であるので、金融機関は常に自己資本比率達成のために貸出など資産を圧縮する誘因をもつ。特に不況期に貸渋りが生じやすい。バーゼルⅢでは、上記の景気循環増幅効果に対抗するために資本保全バッファー、カウンター＝シクリカル・バッファーを設けたが、これで景気循環増幅効果がなくなるわけではない。特に、カウンター＝シクリカル・バッファーについては、景気拡大期・バブル期に信用拡大に応じて各国当局が上乗せで設定するものだが、これがきちんと設定されるとはなかなか考えにくい。

　一般に、自己資本比率＝ROA（資産収益率）／ROE（自己資本利益率）の関係がある（自己資本／総資産＝（利益／総資産）／（利益／自己資本））。銀行の場合、ROAは利鞘に強く依存し、これを簡単に高めることはできない。したがって、自己資本比率を高めるには増資をし、ROEを下げることになる。増資とROEの低下は、株価低下をもたらすため、バーゼル規制が強化されるほど銀行の株価が低迷する。特に収益力の低い銀行

は、自己資本比率の達成がむずかしくなり、利益が低水準にもかかわらず増資をするので、株価は低迷する。これは、金融機関に過剰な負担感をもたらす。今後の検討課題である。

## 3 マクロ・プルーデンス政策の考え方

### ◆マクロ・プルーデンス政策の重要性が増す

マクロ金融市場・金融システム全体の安定性を重視し、それらの安定性を阻害するシステミック・リスクを軽減・抑制するマクロ・プルーデンス（macro prudence）政策の重要性が増している。リーマン危機は、金融システムの安定には個々の金融機関のリスクに着目して健全性を求めるミクロ・プルーデンス政策では不十分であり、システム全体の危機（すなわちシステミック・リスク）を防ぐことを目的とするマクロ・プルーデンス政策が不可欠であることを教訓として残した（図表6－3）。この視点はもちろん古くからあったが、金融取引が複雑化し、不透明になり、金融機関間の取引が増加し、リスクの所在が不透明になるに伴い、システム全体のリスクを的確に、迅速に、かつ包括的にとらえることがますます重要になっている。

中央銀行は本来、マクロ総需要コントロールのための金融調節とともに、金融システムの安定（すなわちプルーデンス政策）

図表6－3　マクロ・プルーデンス政策とミクロ・プルーデンス政策の比較

|  | マクロ・プルーデンス | ミクロ・プルーデンス |
|---|---|---|
| 直接の目標 | 金融システム全体に危機が及ぶことを防ぐ | 個々の金融機関の経営が破綻することを防ぐ |
| 最終目標 | 経済全体の（GDP）コストの軽減 | 消費者（投資家・預金者）の保護 |
| モデル上のリスクの特性 | 部分的に内生的 | 外生的 |
| 金融機関間の相関、共通エクスポージャー | 重要 | 無関係 |
| 信用秩序測定の尺度 | システム全体のリスク、トップダウン | 個々の金融機関のリスク、ボトムアップ |

(注)　筆者作成

にも責務を負う。日本では、日本銀行がデフレ脱却に集中して「やれることは何でもやる」という姿勢でマイナス金利政策まで導入した。しかし、これが金融機関の収益をそぎ、金融システムを不安定にしている。これでは、日本銀行は仕事の半分を放棄しているようなものである。

　通常の金融政策においては、マクロ金融調節とプルーデンス政策は矛盾しない。

　景気が悪いときには、金融システムは不安定化すると同時に、経済成長鈍化とディスインフレーション（物価の上昇率が

低下していく状況。デフレーションとは異なる）となり、マクロ政策としては金融が緩和され（マネーストック拡大、金利引下げ）、これが金融機関に流動性と収益機会を与え、金融システム安定に資するからである。逆に景気が過熱し物価が高騰するときには、マクロ経済政策は引き締められる（マネーストック縮小、金利上昇）が、このような状況では金融機関は高収益をあげているので、貸出が抑制されても金融システムへのストレスは少ない。

しかし時折、マクロ政策とプルーデンス政策が矛盾することがある。

たとえば、物価高騰・景気停滞（スタグフレーション）のもとで金融システムが弱体化する場合である。1980年代前半の米国経済が典型であり、この時はポール・ヴォルカーFRB議長のリーダーシップのもとで、まずインフレ抑制のための強烈な金融引き締めがなされた。ヴォルカーのインフレ退治は成功し、1980年代半ばから米国は経済成長を取り戻したが、多くの金融機関が破綻し金融システムは動揺した。スタグフレーションは退治がむずかしく、中央銀行が厳しい金融引き締めで退治を始めるしかないが、その際には金融システムに過酷な負担がかかる。中央銀行の機能のみでは足りず、政府が公的資金などを用いてプルーデンス政策を補完しなければならず、政府と中央銀行の連携がよりいっそう重要となる。

1980年代後半以降、経済のグローバル化と東西冷戦の終結、IT化のなかで、インフレは起こりにくくなり世界はデフレ気

味になった。その結果、一般物価の安定、あるいはデフレのもとで金融緩和が進められ、経済成長が続くなかで、資産価格だけが上昇する「資産バブル」が頻発するようになった。1980年代後半の日本、2001〜04年の米国、2009〜14年の中国でそうした例がみられた。こうした状況でも、マクロ金融調節とプルーデンス政策の矛盾が生じる。バブル期には、金融機関の収益は拡大し金融システムは表面的には改善するが、潜在的には（資産価格下落時の）リスクが蓄積される。事前的プルーデンス政策の観点からは金融引き締めが要請されるが、一般物価の安定を根拠に金融緩和が持続されることが多い。これが、しばしば資産バブルをさらに拡大させ、バブル崩壊後の傷を大きくする。

　こうした矛盾を解消するには、金融システムに過熱や停滞といった問題があるときに、一般物価安定や経済成長を犠牲にしても、金融システム安定化のためにマクロ政策を実施せねばならないことがある。具体的には、マクロ金融調節の変数に、通常は一般物価や経済成長率（失業率、需給ギャップ）ほど重視されない「資産価格（株価、不動産価格等）」を用いることが求められる。資産バブル期には、通常、一般物価は安定しているが、金融機関の与信と非金融部門の債務が過剰となり、金融システム上の潜在リスクが蓄積される。そうした金融面の過熱がみられる際には、将来の資産価格の急落（バブル崩壊）のショックを縮減するために中央銀行は金融引き締めをしておかなければならない。さらにいえば、近年多くの国の中央銀行が用いているテイラー・ルール（Taylor rule；1993年に米国経済学者の

ジョン・ブライアン・テイラーが唱えた中央銀行の金利政策に関する指針。政策金利を、現実のインフレ率と目標インフレ率のギャップ、実質経済成長率と潜在経済成長率ギャップで説明する方程式)の変数に、資産価格も入れたほうがよいであろう。

## ◆バブルの予知は可能か

マクロ・プルーデンスの観点を金融調節に取り込むには、資産バブルの有無について、ある程度リアルタイムで判断できることが条件となる。「バブルは崩壊してからはじめて存在が確認できる」という名言もある。筆者も、バブルを見抜けず1980年代末のバブル末期に住宅を購入しており、エコノミストとして恥ずかしい限りである。しかし、その反省も含めて世界各国のバブルを長年観測してきた結果、以下の2つの指標は、バブルの発生を事前に確認するのに役立つと考える。

第1は、民間部門の負債残高の名目GDP比である。資産価格上昇は、株式や不動産に巨額のマネーが流れ込むことで生じるが、そうしたマネーの多くは借金による。したがって、バブル形成期には債務がふくらむ。貸し手は足元の経済の成長率から将来の返済（名目キャッシュフロー）の推測を行うので、バブル期には将来のキャッシュフロー見込みは過大となる。したがって、各期のGDPに対する債務の比率は、企業や家計が将来債務を返済できるかどうかをみるものである。

図表6－4は、日本銀行の資金循環統計により、民間非金融法人企業と家計の負債合計（株式も含む）の名目GDPに対する

図表 6 - 4　金融負債残高の名目GDP比

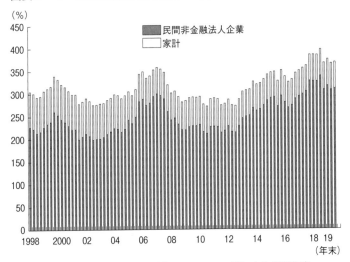

（出所）　日本銀行「資金循環統計」データベース等により筆者作成
　　　　　http://www.stat-search.boj.or.jp/index.html

比率をみたものである。統計の制約によりバブル崩壊以降の時
期しか含まれていないが、過去の傾向からすると、民間非金融
法人企業部門の名目GDP比が500％を超えてくる場合には、バ
ブルを警戒すべきである。

　第2は、地価、株価の名目GDP比の推移である。図表6-
5は地価（市街地価格指数、6大都市・全用途）の名目・実質値
とその名目GDP比、図表6-6は株価（東証株価指数）の名
目・実質値とその名目GDP比である。株価は1983〜89年、地
価は1985〜90年に急騰している。しかし1990年代には、地価も
株価も大きく下落し、2000年以降の名目GDPは1980年の水準

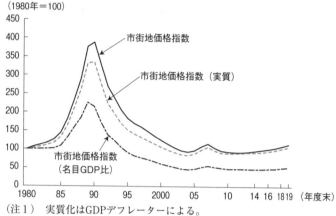

図表6−5　地価（市街地価格指数、6大都市・全用途、1980年＝
　　　　　100）の推移

（1980年＝100）

市街地価格指数

市街地価格指数（実質）

市街地価格指数
（名目GDP比）

1980　85　　90　　95　　2000　　05　　10　14 16 1819（年度末）

（注1）　実質化はGDPデフレーターによる。
（注2）　市街地価格指数は年度末値、2019年度は9月末値。名目GDP、GDP
　　　　　デフレーターは年度平均。
（注3）　1993年以前の名目GDP、GDPデフレーターは2000年基準を2005年
　　　　　基準に換算した値。
（出所）　日本不動産研究所「市街地価格指数」、内閣府「国民経済計算確報」
　　　　　により筆者作成

あたりで落ち着いている。日本の資産価格（地価・株価）は、
1980年代前半が正常な値であり、1980年代後半の急騰、1990年
代の急落はいずれも異常な時代であったといえよう。本図に示
されるような水準についての感覚をもっていると、バブル形成
の初期にバブルを見出すことができるのではなかろうか。
　最近については、地価（6大都市平均）は2012年度末を底に
2019年9月末までの6年半で24%上昇している。全国平均地価
も、2016年度末を底にその後2年半間で2%上昇している。ど

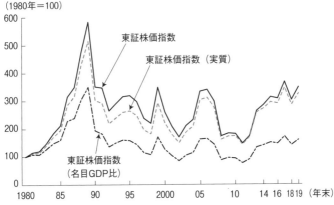

図表6－6　株価（東証株価指数、1980年＝100）の推移

（1980年＝100）

東証株価指数

東証株価指数（実質）

東証株価指数
（名目GDP比）

（注1）　実質化はGDPデフレーターによる。
（注2）　東証株価指数は年末値、名目GDP、GDPデフレーターは年度平均。
（注3）　1993年以前の名目GDP、GDPデフレーターは2000年基準を2005年
　　　　基準に換算した推計値。
（出所）　東京証券取引所「東証月報」、内閣府「国民経済計算確報」によ
　　　　り筆者作成

うやら地価は底を打ったが水準は依然として1980年代初めのレ
ベルである。株価は2011年末を底に、2019年末までの8年で
136％上昇した。しかし、2020年2月下旬以降、コロナ禍の影
響で急落した。総じてみれば、2019年までの日本経済にはバブ
ルの芽があったと思われるが、コロナ禍によりその芽もつま
れ、2020年時点ではバブルの懸念はない。

## ◆マクロ・プルーデンスの観点からはマイナス金
利政策はNG

現下の日本では、マクロ・プルーデンス政策は、まったく機

能していないといえる。現在の日本銀行の金融調節は、デフレ脱却、物価上昇率２％の達成のみをターゲットとしている。もちろん経済成長率や失業率にも注意を払っているであろうし、公式には語らないが株価上昇、円安（円高防止）、国債金利低下にもかなりの意識をもってはいるであろう。しかし、金融システム安定には実に冷淡である。

　デフレのなかでは、1999年からのゼロ金利政策は妥当なものであり、これは経済の下支えとともに金融システムの安定にも寄与した。プルーデンス政策との矛盾もない。これに比し、2001年からの量的金融緩和は、マネーストック拡大にはほとんど寄与しなかったので、マクロ金融調節としての効果はニュートラルである。ただし、量的金融緩和は金融機関に流動性を付与する効果があり、量的金融緩和に伴う日本銀行の国債購入（買いオペ）は長期国債金利の低下（国債価格の上昇）をもたらし、これは金融機関に大きな利益を与え、2004年頃まで不安定であった金融システムも安定に向かった。この点で、量的金融緩和はプルーデンス政策には合致する政策であった。黒田東彦総裁の異次元金融緩和においても、2013〜15年については、程度は激しいが方向は上記と同様である。すなわち、日本銀行は２％の物価上昇率というマクロ経済指標を掲げて国債の大量購入とマネタリーベースの供給を行ったが、その効果は意外にもマクロ金融調節面ではなく金融プルーデンス面で発揮されているのである。

　しかし、2016年以降のマイナス金利政策は、まったく評価が

異なる。貸出金利はさらに低下し、優良企業はほぼ金利０％で資金調達が可能になった。他方で、金融機関の利鞘は極限まで縮小し、収益を圧迫している。地域金融機関では不採算融資が増え不良債権が増加し、少なからぬ銀行の経営が悪化している。長期の国債金利もマイナス圏に入り、保有国債の価格上昇も期待できない。

　黒田総裁は、記者会見で「金融機関の収益への悪影響」についての見解を求められると、「マイナス金利政策は、メリットがデメリットを上回っているので継続する」と述べるが、本当にそうであろうか。マイナス金利政策は、量的金融緩和と異なりマクロ金融調整としては意味があり、たしかに実体経済にプラス効果をもつが、２％の物価上昇率や高い経済成長率をもたらすほどの効果はない。片や金融システムには看過できない負担をもたらしている。仮に金融機関のいくつかが破綻するようなことがあれば、経済成長や物価にも悪影響が及ぶ。コロナ禍による経済悪化が一段落し、ある程度正常な経済に戻った後には、マイナス金利は停止してゼロ金利に戻し、金融システム安定化にも資する政策への転換を図るべきである。すなわち、金融政策の政策ツールを、マクロ金融調節から金融システム安定化により多く振り向けるという考え方が求められる。

**【参考文献】**
・大山剛『９つのカテゴリーで読み解くグローバル金融規制』中央経済社、2017

・佐藤隆文『資本市場とプリンシプル』日本経済新聞出版社、2019
・花崎正晴・大瀧雅之・随清遠編著『金融システムと金融規制の経済分析』勁草書房、2013
・益田安良「中央銀行金融調節にマクロ・プルーデンスの視点をいかに加味するか」『経済論集』第40巻 2 号、pp.13-35〈https://toyo.repo.nii.ac.jp/?action=repository_uri&item_id=7159&file_id=22&file_no=1〉
・益田安良・浅羽隆史『改訂　金融経済の基礎』経済法令研究会、2017
・みずほ証券バーゼルⅢ研究会『詳解　バーゼルⅢによる新国際金融規制〔改訂版〕』中央経済社、2019
・家森信善『金融論〔第 2 版〕』中央経済社、2018

公的金融の変革課題

新型コロナウイルス感染拡大への対応により、公的金融分野においてもさまざまな措置が実施された。いわば非常事態での緊急措置であり、これらは必要な措置であったと考える。しかし、コロナ禍の悪影響が縮小し、経済が正常化した後には、公的金融のあり方についてあらためて考えねばならない。本章の基本的な記述は、コロナ禍が終息し、経済が正常化した後の公的金融のあり方を論ずるものである。

　公的金融（政府セクターの産業向け与信、含む信用保証協会保証）は、規模は縮小したが、マイナス金利政策下で民間金融の貸出採算が悪化し、民業圧迫度は増している可能性がある。リーマン危機後、その議論は薄れた感があるが、昨今の金融機関経営の悪化に鑑みて、公的金融のあり方に、もっと焦点が当てられるべきである。2016年10月には、商工中金（商工組合中央金庫）の危機対応業務における不正が発覚した。官製ファンドも、民間補完、民間資金の呼び水として存在意義を示そうとするが、今後は地方銀行の戦略シフトに従い、競合する懸念が高まる。企業向け与信市場における官民金融の議論があらためて重要性を増す。商工中金も、郵政事業も、信用保証も、公的金融全体の位置づけから問い直す必要がある。

## 1 公的金融問題の規模とプレゼンス

### ◆政府系金融機関のスリム化が停滞

　公的金融については、長年の議論を経て改革がなされてきた。2001年度の財政投融資改革により政府系金融機関（公的金融機関）の資金調達は市場経由となった小泉純一郎政権下の2008年には、政府系金融機関が統廃合された。これらを受け公的金融は縮小した。ところが、2008年秋のリーマン危機、2011年の東日本大震災に対応して、政府は主に中小企業の救済のために公的金融を拡充した。その後、公的金融は相応の規模を保ったまま縮小を止めた。

　日本銀行「資金循環統計」において、民間非金融法人企業の負債における民間企業と政府系金融機関の貸出残高をみる。まず政府系金融機関の民間企業向け貸出残高は1998年度末の46兆円をピークに小泉政権下で減少を続け2007年度末には30兆円弱となった（図表7－1）。しかし、リーマン危機を経て増加に転じ2018年度には35兆円にのぼっている。他方、民間金融機関の貸出残高は、2010年度末の270兆円を底に増加し2018年度末には323兆円となっている。この結果、公的金融比率は、2017年度には8.0％に低下していたが、東日本大震災後の2013年度末には9.1％まで増加し、その後は8％台で一進一退を繰り返している。

図表7−1　民間非金融法人企業向け貸出残高（貸出機関・部門別）

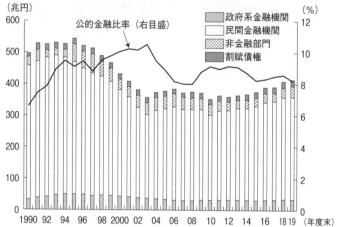

（注1）　公的金融比率＝政府系金融機関の民間非金融法人向け貸出残高／
　　　　　民間非金融法人の借入残高×100。
（注2）　2019年度は2019年9月末。
（出所）　日本銀行「資金循環統計」により筆者作成
　　　　　https://www.boj.or.jp/statistics/sj/index.htm/

　政府系金融機関のなかでは、日本政策金融公庫（以下、日本
公庫）が、20兆円前後の融資規模をもち突出している、日本公
庫のなかでは、危機対応円滑化事業は震災後10年近くがたち、
さすがに縮小傾向を示すが、前組織の業務を引き継いだ伝統的
な国民生活事業と中小企業事業は6兆〜7兆円でほぼ維持され
ており、全体規模を支えている。大企業、公共インフラ事業を
担う日本政策投資銀行の融資規模は13兆円程度で安定してい
る。不正を起こした商工中金も、10兆円ほどの融資残高を一貫
して維持している。

他方、国際開発金融を担う国際協力銀行（JBIC）が、安倍晋三政権下で急速に規模を拡大している。本章では国内金融に係る公的金融の位置づけを観察するため、国際協力銀行の活動は深く論じない。

　国内融資に係る政府系機関を機関別にみると、どうやら小泉政権下で統合・圧縮された業務は、リーマン危機、東日本大震災でふくらんだ後にそのまま規模・範囲を維持した。そして、2020年のコロナ禍に伴う企業・個人事業主の資金繰りの急速な悪化のなかで、日本公庫、商工中金、日本政策投資銀行の融資に対する要請が強まり、それぞれ一挙に融資規模を拡大することとなった。

## ◆信用保証比率は依然として高い

　公的部門の与信活動としては、直接融資以外に信用保証も重要である。各都道府県の信用保証協会の保証残高の民間金融機関貸出に占める比率は、1999年度末の15.7％をピークに小泉政権下で低下し、2006年度末には12.7％となった。しかし、その後リーマン危機に乗じて急騰し、2009年度には16.3％となった。その後、リーマン危機終息に伴い同比率は低下したが、いまだに10％近くで推移している。信用保証協会の保証は、直接融資よりも柔軟に、景気変動や金融情勢に応じて景気対策として発動されてきたようすがみてとれる。

　公的信用保証は、直接融資よりもリスク・コストが明確でなく、政策的に拡大への抵抗が少ないが、同時に民間金融機関の

モラルハザードや「ゾンビ企業」の温存を招く弊害がある。

　2020年のコロナ禍による企業の資金繰り悪化に伴い、信用保証協会の保証に対する要請も強まった。特に、モラルハザードを生む懸念が大きい債務の100%を保証するセーフティネット保証が拡充され、新たな問題を生むこととなった。信用保証をどう考えるべきかについては、後述する。

# 公的金融の存在意義
## （経済政策としての正当性）

## ◆市場では供給されない正の外部性をもつ分野に限るべき

　市場経済においては、公共部門の役割は市場の失敗が生じた際の市場機能の補完に限定される。特に、環境保全、福祉向上、社会全般に資する技術革新、公共インフラ整備等の、正の外部性が生じる（市場では供給されない価値のある）分野におけるプロジェクトの供給は、公共部門の役割として正当化される。経済危機や自然災害等で市場での資源配分が市場で適正になされない場合も、公共部門の役割が認められる。逆にいえば、市場経済という以上、上記以外の活動を公共部門が行うことは、経済全体での非効率を生む。

　金融面においては、上記の正の外部性が生じる分野として

は、不採算の公共インフラ整備のための融資、技術革新を担う研究開発やベンチャーに対する助成等が考えられる。危機・災害における公的部門からの融資や保証、補助金等は、あくまで危機が収まるまでの時限的措置であり、危機が収まれば直ちに縮小しなくてはならない。日本の場合は、そうした危機対応時の公的金融の拡大が、危機終息後も維持されてきたことが問題である。不合理な公的金融の温存は、将来の政府支出増加を通じて国民負担となるだけなく、借り手のモラルハザードを助長し、資源の最適配分を阻害し、民間金融機関の業務（民業）を圧迫するといった問題を生む。

　公共政策を産業政策に絞ってみても、補助金の供与や政策減税がある。一般的には、効果・コストは、「補助金＞減税＞政策金融」の順になるであろう。政策金融は効果があいまいであり、民間金融機関で補完しうるものである点で、正当化されにくい。しかし、目先の財政コストが生じず、予算措置も（財政投融資を除き）必要ないため、国民の目が届きにくいという問題がある。

## ◆公的金融の評価は政策コスト・収益率より公共性で

　公的金融は、1990年代までは、民間金融部門が「民業圧迫」の観点から議論してきた。1990年代以前は、金利が高く預貸金利鞘を確保できていたため、銀行は預金を集めることで収益をあげることができた。このため、当時の標的は、好条件の預金

で家計資金を集める郵便局であった。

公的金融の代表格である郵便貯金の肥大化が問題視されたなかで、1990年代末に橋本龍太郎政権のもと、財政投融資改革がなされ、公的金融をめぐる資金フローに市場機能が働くようになった。その後、小泉政権下では郵政民営化と出口の政府系金融機関の統廃合がなされ、この時点で公的金融はかなり縮小された。橋本・小泉両政権下での公的金融改革は、前述の市場経済下での公共部門のあり方を意識したまっとうな改革であった。

しかし、2008年のリーマン危機、2011年の東日本大震災を経て、そうしたまっとうな議論は消えた。危機に対峙して、「使えるものは何でも使う」との短絡的な思考に基づき、直接の財政負担（支出）を伴わない公的金融はフルに利用されるようになった。そして、緊急事態が去った後も、公的金融の規模は維持されている。

危機でもないのに膨張している公的金融に対し、金融学者や財政学者、金融業界、あるいは会計検査院等が時折、問題を提起する。その際に気になるのは、多くの論議が公的金融あるいは官民合同事業や民営化途上の公的金融機関について、主に収益性と財政負担の議論に終始してしまうことである。国民負担を最小限にする、事業を効率的に運営するという観点では、コスト・収益性を問題視するのはやむをえない。しかし、公共事業の妥当性は、正の外部性に係る（市場すなわち民間では供給されない価値のある）事業か、民業を圧迫していないか、といっ

た点でも評価しなければならない。そして、そうした意義が認められない場合は、公共部門は事業から撤退するか民間部門に売却する必要がある。たとえ、収益性が高くても、民間で供給可能であれば民間に任さねばならない。

後述する官製ファンドに対する評価等は、その典型である。

## ◆信用保証は官民のリスク分担が必須

信用保証の存在意義や適正規模に対する議論は、より複雑である。信用保証は、民間金融機関の融資のリスクをカバーする保険のようなものであり、借り手から徴収した保証料を原資として民間金融機関に補助金を与えている。したがって、あくまで民間金融機関の貸出に関する補助金に類するものであり、一見、民業を圧迫するものではないように思える。むしろ、民間金融機関は、公的な信用保証に頼り過ぎる傾向すらある。また、借り手の倒産による代位弁済が保証料を上回ったときにはじめて政策コストが生じるのであって、政府支出に直結するわけではないので財政コスト面からも問題視されにくい。

しかし、借り手から徴収した保証料を原資として民間金融機関に補助金を与えるのであれば、その保険料負担部分を金利支払に乗せ、高めの金利で金融機関が融資しても同じである。仮に公的な信用保証制度がなければ、金融機関はその対象となるような中小企業、不況業種に、高めの金利でより積極的に貸出をするのではないか。邦銀のミドルリスク市場への貸出の可能性についての議論があるが、それを阻害しているのは信用保証

制度ではなかろうか。

　また、本来はプロパー融資を出せる優良企業にも、金融機関が信用保証を適用するケースがありうる。これは企業から銀行が過大な手数料を徴求していることと同じであり、優良企業の競争力を阻害する。

　逆に、本来退出すべき劣悪な企業に、信用保証が存在するがゆえに無理に融資するケースもありうる。これは、本来は民間金融機関のリスクを軽減するための信用保証に基づくモラルハザードである。その結果、「ゾンビ企業」が温存され、経済の生産性が低下し、産業資源の最適配分を阻害する。特にセーフティネット保証5号（旧緊急保証制度）等に定める全額保証の信用保証については、貸し手の銀行等に融資の信用リスクがまったくないことからモラルハザードは必至である。「不況業種だから、業績が悪いからこそ楽々融資を受けられる」という状況は、どう考えても正当化できない。主要国のなかで、全額保証の公的信用保証制度をもつ国は日本だけである。信用保証については、どこまで制度がリスクを保証するか、貸し手の銀行もリスクを分担するかどうかが重要なポイントとなる。

　信用保証制度にも、小泉政権時にメスが入った。小泉政権下で、全額保証の信用保証からの脱却がうたわれ、保証協会がリスクの8割、貸し手金融機関が2割を負担する責任共有制度が2007年10月に導入され、同制度へのシフトが図られた。しかし、2008年のリーマン危機に対峙するため、不況業種で業績が悪化した中小企業を対象に、上記の全額保証のセーフティネッ

ト保証５号の利用が急拡大した。信用協会保証の保証債務残高に占めるセーフティネット保証５号残高の比率は、リーマン危機後急騰し、2010年度末には25％となった（図表７－２）。その後、景気拡大が続くなかで2012年頃からセーフティネット保証５号の残高は減少し、責任共有保証の比率が高まってきたのは好ましい。経済産業省の良識も働いたのであろう。

　しかし、2020年のコロナ禍による企業の資金繰り悪化に伴

**図表７－２　信用協会保証の保証債務残高推移（ストック）**

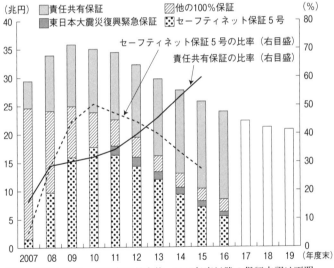

（注）　2019年度は、2019年12月末値。2017年度以降の保証内訳は不明。
（出所）　中小企業政策審議会基本問題小委員会金融ワーキンググループ
　　　　「中小企業・小規模事業者の事業の発展を支える持続可能な信用補
　　　　完制度の確立に向けて」（2016年12月20日）、pp.24-25、全国信用保
　　　　証協会連合会「信用保証実績の推移」（http://www.zenshinhoren.
　　　　or.jp/document/hosho_jisseki.pdf）により筆者作成

い、政府系金融機関の直接融資、民間金融機関の融資の拡大とともに、信用保証協会の保証に対する要請も強まった。特に、モラルハザードを生む懸念が大きい債務の100％を保証するセーフティネット保証5号が拡充された。2008年のリーマン危機の悪影響を脱して、ようやく正常化してきた信用保証が、再び新たな問題を抱えることとなった。コロナ禍のような深刻な危機において、一時的に公的信用保証を活用することは是認できるが、危機が去ればそうした緊急避難措置は縮小しなければいけない。特に、全額保証は際限のないモラルハザードを起こし、「ゾンビ企業」を大量生産し、日本経済の生産性を下げることを国民が広く認識する必要がある。

# 3 政府系金融機関の民業圧迫と金融システム上の懸念

## ◆政府系金融機関融資における民業圧迫の事例

前述のとおり、1990年代までは公的金融の民業圧迫の主たるテーマは、郵便貯金が民間の預金収集や対家計サービスを圧迫することであった。しかし、預金金利が0％となり、預金収集が利益を生まず、むしろコスト要因でしかなくなった現在、もはや銀行にとって郵便貯金は脅威ではない。かんぽ生命保険については、民間保険会社にとって部分的に競合相手であろう

が、2019年に問題となった不正販売によって、保険事業も消えゆく存在となるであろう。

　現在の金融界において公的金融の民業圧迫があるとすれば、それは資金の出し手側であろう。一つは、政府系金融機関の存在が民間金融機関の融資業務の機会を奪う可能性である。もう一つは、官製ファンドの存在により、民間ファンドの投資機会が失われる可能性である。

　公的金融による民業圧迫の有無は、貸出やファンドの大小だけでは語れない。民業を圧迫しているかどうかは、公的金融機関の個別の投融資の条件や行動自体が民間の投融資条件や行動に優越するかどうかによる。

　具体的には、地方銀行協会が日本公庫による民業圧迫を判断するチェックポイントとして、以下の4つの行動例をあげている。①すでに民間が融資している分野（企業）に公的金融がよりよい条件（低金利）で参入し民間借入れを肩代わりする、②民間が融資できる分野（企業）に公的金融がよりよい条件で参入しようとする、③公的金融であるにもかかわらずリスク管理の向上を図る（より低リスク先を模索する。上記①②につながる）、④金利引上げ等採算の向上を図る（民業圧迫度は低下するが、民間と同質化する）、といった事例である。地方銀行協会は、2018年、これらの行動のいくつかの実例をあげて日本公庫に改善を要求したが、日本公庫は「地方で融資を断られたので対応した事例」であると反論している。その正否はここでは問わない。

また、2020年のコロナ禍のなかでの企業の資金繰り悪化に際し、日本公庫、商工中金は国の利子補給を受け、無担保・無保証で無利子（金利０％）の融資を大量に提供した。これは国内において当然の措置ではあるが、その結果、地域金融機関等の取引が公的金融機関に奪われる懸念が高まった。そうした懸念から、地域金融機関は国に利子補給を要求し、都道府県の制度融資を利用して無担保・無保証・実質無利子の融資を始めた。このように地域金融機関は、中小企業向け貸出市場における競争力について政府系金融機関に劣後する位置にあり、常に脅威にさらされている。

　上記から明らかになるのは、最も重要な融資条件は「金利水準」であり、その際の行動としては「リスク認識」だということである。実際には、政府系金融機関の金利は、地方銀行のおおむね半分といわれる。また政府系金融機関の主たる融資先は、銀行では正常債権としてカウントされる優良先だとのことである。政策金融は、本来は公共政策上の目的をもとに、民間ではとりえないリスクをとって投融資をするものである。そうであれば、政府系金融機関が民間銀行では融資できないようなミドルリスク先に融資したり、金融庁が民間金融機関に迫ってきた「無担保貸出」を、民間が運転資金を融資していない先に融資したりするのはおおいに理にかなっている。これに対し、民間がすでに融資している先に、民間よりも有利な条件（低金利）で融資することは、まさに民業圧迫である。

## ◆金融・経済環境、金融システムと政府系金融機関融資との関係

　民業圧迫は、貸出市場の需給逼迫時（非金融部門の資金需要が強いとき）や民間金融機関の収益環境がよいときには問題にはなりにくい。資金需要が強ければ、借り手が金融機関の門前に列をなす状況であり、政策金融が存在しても民間金融機関は自らのペースで、採算をとりながら融資ができる。また、民間金融機関が一般的に十分な利鞘を確保できる状況にあれば、条件をやや緩和すれば（貸出金利をやや下げれば）融資のビジネスチャンスを確保できる。しかし、資金需要が弱いときにはいわば借り手市場の状況となり、より有利な条件（低金利）で融資できる政府系金融機関が優先され、民間金融機関は十分な投融資の機会を得られない。また、民間の金融機関の利鞘が極限まで縮小している状況では、民間金融機関は融資先を引き付けるために金利引下げというアクションをとれず、やはり投融資の機会を失う。

　現下の金融・経済環境はまさに後者である。企業部門の資金余剰に示されるとおり資金需要はきわめて弱く、銀行の預貸金利鞘はほぼ０％に縮小している。中小企業は、資金需要が増加すればまず政府系金融機関を頼り、民間金融機関のビジネスチャンスは増えない。まさに公的金融による民業圧迫が起きやすい状況になっている。

　そして、民間金融機関の収益環境は悪化し、地域金融機関の

多くが経営難に陥っている。すなわち、日本の金融システムの不安定性を高めている。金融システムを脅かす第1の原因は、マイナス金利等の長引く金融緩和だが、同時に公的金融の存在も金融システムを蝕んでいる、という認識を政府にももってほしい。公的金融は、最低限の機能に絞って、常に縮小の努力を続けてほしい。

##  官製ファンドにも民業圧迫の懸念

### ◆ひしめく官製ファンド

産業革新、地域振興の旗印のもとで、多くの官製ファンドがひしめいている（図表7-3）。民間資金の出資を募るものの主たる出資者は政府であるファンドは、一般に「官民ファンド」と呼ばれる。しかし、実体的には政府が経営をコントロールするため、本書では官製ファンドと呼ぶ。

官製ファンドなので、所管府省が枠を設定するが、その枠を消化できないファンドがある。一部メディアはこれを問題視するが、筆者はその点で責めるつもりはない。もちろん、農林漁業成長産業化支援機構（A-FIVE）のように、設立から5年以上たってもほとんど枠を消化できず、投資損失を出しているファンドは存在意義が乏しいので改組すべきであるが、短期的な稼働率の低さを問題視する必要はない。公共部門であるから、

たとえ閑古鳥が鳴くファンドであってもすぐ店じまいすること
もない。むしろ、枠を埋めるために意義の乏しい企業に出資す
ることだけは避けてほしい。実績を偽装してかたちだけ活発に
活動しているかのように装うことは、公共部門が陥りやすい罠
であり、これが商工中金の不適切融資や、かんぽ生命保険の詐
欺的な営業といった不祥事を生んだ。官製ファンドが、野放図
に意義が乏しい投資をしないように監視をする必要がある。

　官製ファンドの収益性の低さ、損失リスクについても、しば
しばメディアが取り上げる。投資した事業から十分なリターン
が得られなかったり、投資先の倒産等で損失が生じたりすれば
最終的には国民負担が生じるので、これはもちろんチェックし
なければならない。会計検査院が定期的に官製ファンドのパフ
ォーマンスをチェックし報告するのは、そうした観点によるも
のである。すでに累積損失が拡大している、海外需要開拓支援
機構（クールジャパン機構）、農林漁業成長産業化支援機構
（A-FIVE）、海外交通・都市開発事業支援機構（JOIN）、海外通
信・放送・郵便事業支援機構（JICT）等は、損失をきちんと
償却して店じまいに向かったほうがよいだろう。

　しかし、官製ファンドに高い投資パフォーマンスを求めるこ
とも間違っている。そのように高い収益性があるプロジェクト
であれば、民間ファンドが十分に資金を供給できるはずであ
る。官製ファンドは、民間ファンドでは対応できないような
「公共目的に沿う、収益性が高くない事業（企業）」に絞って投
資すべきである。すなわち、官製ファンドは損失も出ないが、

図表7－3　官製ファンドの概要（2019年3月時点）

| 名称 | | 監督官庁 | 設置・事業開始（期限） |
|---|---|---|---|
| (株)産業革新投資機構（JIC） | | 経済産業省 | 2009年7月（15年） |
| | (株)産業革新機構（INCJ） | 同上 | 2018年9月（15年） |
| (独)中小企業基盤整備機構（SMRJ） | | 経済産業省 | 2004年7月（5年ごと見直し） |
| (株)地域経済活性化支援機構（REVIC） | | 内閣府ほか5省 | 2013年3月（13年） |
| (株)農林漁業成長産業化支援機構（A-FIVE） | | 農林水産省 | 2013年1月（20年） |
| (株)民間資金等活用事業推進機構（PFIPCJ） | | 内閣府 | 2013年10月（15年） |
| 官民イノベーションプログラム | 東北大学 | 文部科学省 | 2015年2月（10年） |
| | 東京大学 | | 2016年1月（15年） |
| | 京都大学 | | 2014年12月（15年） |
| | 大阪大学 | | 2014年12月（10年） |
| (株)海外需要開拓支援機構（クールジャパン機構） | | 経済産業省 | 2013年11月（20年） |
| 耐震・環境不動産形成促進事業（JREI） | | 国土交通省・環境省 | 2013年3月（10年メド） |
| 特定投資業務(株)日本政策投資銀行 | | 財務省 | 2015年6月（10年9か月） |
| (株)海外交通・都市開発事業支援機構（JOIN） | | 国土交通省 | 2016年10月（5年ごと見直し） |
| 国立研究開発法人科学技術振興機構（JST） | | 文部科学省 | 2014年4月（5年ごと見直し） |
| (株)海外通信・放送・郵便事業支援機構（JICT） | | 総務省 | 2015年11月（20年） |
| 地域低炭素投資促進ファンド事業 | | 環境省 | 2013年6月（10年メド） |

（出所）　内閣官房・官民ファンドの活用推進に関する関係閣僚会議幹事会　年10月4日）、p.5により筆者作成
　　　　https://www.cas.go.jp/jp/seisaku/kanmin_fund/pdf/kenshohouk

| 出資（融資）額 | | 累計支援決定 | | 実投融 | 政府保証額 |
| 政府<br>（億円） | 民間<br>億円 | 件数<br>（件） | 金額<br>（億円） | 資額<br>（億円） | （2018年度予算）<br>（億円） |
|---|---|---|---|---|---|
| 財投　2,860 | 135 | | | | 18,000 |
| 産業革新投資機構100％子会社 | | 138 | 11,395 | 9,676 | |
| 一般会計　30 | | 288 | 4,346 | 3,238 | |
| 財投　130<br>一般会計　30 | 102 | 224 | 1,070 | 392 | 10,000 |
| 財投　300 | 19 | 57 | 388 | 111 | |
| 財投　100 | 100 | 33 | 641 | 474 | 630 |
| 一般会計　125 | | 1 | 70 | 52 | |
| 一般会計　417 | | 1 | 230 | 70 | |
| 一般会計　292 | | 1 | 150 | 63 | |
| 一般会計　166 | | 1 | 100 | 60 | |
| 財投　586 | 107 | 32 | 675 | 507 | 350 |
| 一般会計補助<br>　　300 | | 13 | 184 | 180 | |
| 財投　2,940<br>（政策投資銀行自己資金） | | 81 | 3,640 | 3,247 | |
| 財投　561 | 629 | 24 | 852 | 499 | 629 |
| | | 24 | 20 | 20 | |
| 財投　138 | 240 | 5 | 328 | 262 | 240 |
| エネルギ-対策特会<br>補助 184 | | 34 | 141 | 52 | |

「官民ファンドの運営に係るガイドラインによる検証報告（第11回）」(2019

oku_dai11.pdf

高いリターンも得られないような案件に投資することが求められる。この禁欲的なさじ加減を現場に求めるのは無理なので、財務省や所管府省がそうした意識をもってファンドの管理や予算付けを行わねばならない。

## ◆官製ファンドは民間ファンドを邪魔してはならない

官製ファンドの多くは、ベンチャー・ハイテク企業の支援等を設置目的とする。民間が担えない投資リスクを公的部門が担い、民間投資の呼び水となること、すなわち公共目的であることをうたう。この原則が守られているのであればそれでよいが、どうも以下の2つの疑念がある。

一つめは、前述のとおり投資パフォーマンスの高さを求め過ぎるのではないかという疑念である。現場を任された各ファンドの経営層は高いパフォーマンスを求められるが、それにブレーキをかける必要がある。官製ファンドが高い投資パフォーマンスを追求すれば、リスクの低い、成長率の高いプロジェクトを選んで投資することになるが、それはまさに民業の圧迫となる。「民間ファンドも官製ファンドと競争すればよい」という意見もあろうが、官製ファンドは民間ファンドよりも優位にあるため、官民の公正な競争は望めそうもない。日本政策金融公庫のアンケート調査（2016年11月、起業と起業意識に関する調査）によれば、投資受入者の企業は、官製ファンドのほうが民間ファンドよりも経営への介入度や買収の可能性が少ないと期

待するため、官製ファンドからの資金を優先する傾向がある。また、官製ファンドは原資の大半が公共資金であるため、採算に関する意識が乏しく、当初の投資段階で民間ファンドより高額の出資をすることが可能である。このようにイコール・フッティングでない以上、民間ファンドからの出資で資金をまかなえる事業（企業）については、官製ファンドは出資を手控えるべきである。

また、民間資金の呼び水となることをねらっているのであれば、民間資金が投資された後は、官製ファンドは撤退すべきである。実際には、民間資金の「呼び水」ではなく「障壁」になってはいないかを常にチェックする必要がある。前述のとおり、地方銀行は融資に関する収益機会を失い、地域ファンド等を通じた出資業務、すなわち投資銀行業務に活路を見出さねばならなくなってきている。そうしたなかで、官製ファンドが地域ファンドの投資機会を奪うようなことがあれば、地方銀行の新しいビジネスモデルは成り立たない。

現在は、民間銀行も官製ファンドによるリスク分担を歓迎しているようだが、官製ファンドが今後、地方銀行が進むべき投資銀行業務に競合する可能性を考えれば、もう少し警戒すべきである。

もう一つの疑念は、官製ファンドは真に公共性の高い分野に投資をしているのか、という疑念である。前述のとおり、政策金融は市場の失敗が生じる際の市場機能の補完に限定して提供されるべきである。環境保全、福祉向上、社会全般に資する技

術革新、公共インフラ整備等の正の外部性があるが民間からは資金が十分に得られない事業（企業）への投資は正当化されるが、それ以外は民間に任せるべきである。しかし、産業革新投資機構（JIC）の前身の産業革新機構（INCJ）等は、市場から退出すべき大企業の救済の道具となってきたのではないか。退出すべき企業を無理に延命させることは、日本全体の生産性の低下をもたらし、資源の最適配分を阻害する。民業を圧迫することはないが、経済成長の足を引っ張る要因であり、これも問題である。

 **5** ## 経済活力を高めるための 公的金融のあり方

### ◆郵政事業：民営化ではなく銀行・かんぽ生命 の営業譲渡を

ここまで、政府系金融機関の融資、信用保証、そして官製ファンドと、資金の出し手側、すなわち出口としての公的金融について、その現状、影響、課題、存在意義を考えてきた。しかし、公的金融の入り口である郵便貯金については触れてこなかった。前述のとおり、現在では郵便貯金には民業の圧迫の懸念はない。民営化の途上でもある。しかし、公的金融の巨額のマネーフローを支える重要なリソースであることには違いがな

い。

　預貯金が収益を生まなくなった現在、ゆうちょ銀行、あるいはその親会社の日本郵政にとってより重要なのは、郵便貯金業務を含めたビジネスモデルをどう描くかである。ゆうちょ銀行は、180兆円の郵便貯金の約半分を国債、半分を株式等リスク資産に投資している。過去7年間は株価が上昇基調にあったため、ゆうちょ銀行の運用収益は悪くなかった。しかし、国債利回りはすでに0％近傍となり、株価が今後上がらないとすると、ゆうちょ銀行の財務状況はおおいに悪化する。ゆうちょ銀行は、企業融資や住宅ローンの取扱い等運用面の強化を希望するが、180兆円の原資をもとに一般融資に乗り出せば、これは大変な民業圧迫となる。また、民間の預貸金利鞘が消滅した現在では、ゆうちょ銀行がどれほどうまく融資管理をしても、採算をとることは困難である。このままではゆうちょ銀行は立ち行かない。

　筆者はゆうちょ銀行のとる道は2つあると考える。一つは、自らの貯金の勘定は廃止し、民間金融機関（銀行、信用金庫・信用組合等）の代理店として、預金業務、決済（為替）業務を行うことにより、民間金融機関から手数料を得て、それを収入源とする、というものである。新聞報道によれば、奈良県の南都銀行と、地元の郵便局が提携し、郵便局内に南都銀行のATMを設置し、郵便局職員が南都銀行の預金取引を行う、とのことである。南都銀行は郵便局に手数料を払う。銀行は現在、キャッシュレス化を展望しつつ、経費削減のために店舗を

急ピッチで閉鎖している。地方銀行にとっては、郵便局に手数料を払っても、店舗および人件費の削減によるコスト減の効果が勝るのであろう。この事例は、日本郵便と地方銀行の提携の事例だが、さらに発展させ、ゆうちょ銀行と地方銀行の提携を進めれば、これは相互補完を強めることも可能であろう。

　もう一つの道は、ゆうちょ銀行を廃止することである。コンビニエンスストアのATMが配備されたことにより、全国各地のATMネットワークは郵便局だけではなくなった。また、インターネット・バンキングの普及により、ネットにアクセスできる家庭は、現金以外の金融取引は郵便局がなくてもできるようになった。もちろん山間僻地には、郵便局はあるがコンビニはないという地域がたくさんある。また、ネットにアクセスできない方々は高齢者を中心に多い。しかし、たとえば、銀行・信用金庫等に政府が補助金を支払って山間僻地に銀行等のATMを設置させれば、郵便局の金融業務は不要ではないか。

　そもそも小泉政権下で2007年に果敢に実行された郵政民営化では、持ち株会社の日本郵政の下に、郵便事業会社、郵便局会社、ゆうちょ銀行、かんぽ生命保険がぶら下がり、ゆうちょ銀行、かんぽ生命保険から民営化を進める予定であった。これは、収益力のあるゆうちょ銀行とかんぽ生命保険を民営化して強くし、2社からあがる利益によって、赤字である郵便事業と郵便局運営をやっていく構図である。筆者は、この当時からこの構想に反対であった。まず郵便事業は重要なライフラインではあるが採算がとれない典型的な公共財である。公共財であれ

ば、郵政事業は堂々と税金を原資として政府機関として行うべきである。簡保事業は廃止するか、民間保険会社に営業譲渡したうえで、郵便局に販売業務を委託すればよい。ゆうちょ銀行は、他の民間銀行に営業譲渡する。一つの銀行よりも、たとえば各都道府県ごとに地元の地方銀行に譲渡するのがよいであろう。ただし、前述のとおり山間僻地へのユニバーサル・サービスを可能にするよう、地元銀行等に補助金を出してATMを設置させる等の措置を行う。

ゆうちょ銀行が、営業譲渡された後には、財政投融資資金の入り口の資金が減少する。その分、政府系金融機関の融資も極力縮小したほうがよいが、不足する部分については財投債か財投機関債の発行を増額することになる。表面的には政府債務が増加するが、郵便貯金も本来は政府債務であるから、実体的には政府債務の規模は変わらない。

## ◆民間ができる分野からは公的金融は撤退せよ

日本の金融システムを蝕む超低金利政策が、近い将来に終わる見込みは乏しい。金融政策は、本来は物価安定のためのマネーストック・コントロールと同時に、金融システム安定にも意を尽くすべきであるが、現行の金融政策は、金融システム安定にあまりに無頓着である。そうしたなか、公的金融の過大なプレゼンスを放置すると、金融システム上の不安が増大する懸念がある。日本銀行に期待できないのであれば、せめて政府は金融システム安定のためにできることをすべきである。

まず、公的金融は極力縮小すべきである。景気悪化や自然災害のたびに、政府系金融機関や信用保証制度に過度の期待がかかり、危機が去っても政策金融、保証の水準が削減されない。その結果、後の国民負担がふくらみ、民間金融機関の収益を圧迫する。民業圧迫については、その立証が困難だが、たとえ明確に民業圧迫を立証できなくても、「民間金融機関の融資や民間ファンドの出資が可能な分野からは、公的金融は撤退する」という基本方針をもとに徹底的にスリム化すべきである。がんが発見されていなくても、発がん物質の摂取や喫煙は止めるべき、という論理と同じである。

　具体的には、不祥事を起こした商工中金は、業務が重なる日本公庫と統合したうえで、業務量を思い切って絞るべきである。信用保証協会は、全額保証を一刻も早く全廃し、保証料を引き上げるべきである。官製ファンドは、損失を処理し、稼働率が低いファンドは解散、あるいは他のファンドへ譲渡すべきである。そして残った官製ファンドは、技術革新等の正の外部性が期待できるがハイリスク・低収益で民間ファンドが出資できない事業（企業）に限って出資すべきである。日本郵政は政府機関に戻り、郵便事業に専念し、ゆうちょ銀行は民間銀行の業務代行に徹するか、民間銀行に営業譲渡すべきである。かんぽ生命は廃業するか民間保険会社に営業譲渡すべきである。

　政府系金融機関や官製ファンド等の公的金融機関や郵政事業には、官僚が天下りでポストを得ることが多い。予算を配分し、さまざまな業務を行うことで既得権益も生じる。このた

め、官僚はこれらの温存に力を尽くすが、それを切り崩せるのは政治家（国会）しかない。国民受けする分野ではないが、政治家が信念をもって、公的金融の縮減を地道に求めるしかない。行政改革の重要な部分である。

　民間金融機関およびその業界団体も、公的金融に依存するのではなく、1990年代以前のように政府に対峙して公的金融の縮小を求めるべきである。信用保証協会に頼り切った融資、官製ファンドに便乗した投資等に安易に乗ってはならない。

　コロナ禍のような深刻な危機において、一時的に公的金融を活用することはやむをえない。このように急速な深刻な経済悪化のなかでは、言葉は悪いが、後先を考えずに思い切ってセーフティネットを厚くせざるをえない。いわば、出血時には止血が第一であり、政府系金融機関の融資や公的信用保証がその役割を果たしうることはいうまでもない。しかし、危機が去れば、そうした緊急避難措置を外し、手厚いセーフティネットを外すことを忘れてはならない。コロナ禍の悪影響が縮小し、経済が正常化した後には、本章で論じた公的金融のあり方をあらためて問い、健全な公的金融をつくりあげることを怠ってはならない。

【参考文献】
・植杉威一郎「民間金融と公的金融の関係を巡る二つの変化」『金融財政事情』第69巻17号、pp.20-24
・金融財政事情編集部「産業革新投資機構が船出、悩ましい二律背反の舵取り」『金融財政事情』第69巻38号、pp.6-7

・財務省理財局「財政制度等審議会　財政投融資分科会　説明資料（官民ファンドの概要について）」2017年11月8日〈https://www.mof.go.jp/about_mof/councils/fiscal_system_council/sub-of_filp/proceedings/material/zaitoa291108/zaito291108_1.pdf〉
・財務省大臣官房政策金融課「政策金融機関の現状について」2018年1月19日〈https://www.mof.go.jp/financial_system/councils/ikenkokankai/shiryou3_01.pdf〉
・益田安良『中小企業金融のマクロ経済分析』中央経済社、2006
・益田安良『「わかりやすい経済学」のウソにだまされるな！』ダイヤモンド社、2013
・益田安良「金融システムを蝕む公的金融」『金融財政事情』（金融財政事情研究会）第69巻17号、pp.25-29
・松浦茂「官民ファンドの動向と課題」『レファレンス』816号、pp.47-71

第 **VIII** 章

# 日本経済の成長を促進する
# 金融システムを目指して

# 日本経済の長期停滞と マネーフローの目詰まり

## ◆長期停滞から抜け出す鍵は金融にあり

2013年、「長期停滞論」という議論が話題を集めた。米国・ハーバード大学のローレンス・サマーズ教授が「過剰貯蓄が続くと、完全雇用をもたらす均衡金利が著しく下がり、経済成長が長期に低迷する」とする論を示し、これが議論を呼んだ。長期停滞論は、世界経済全体について述べた論であるが、まさに近年の日本の諸問題を一言で表すような言葉である。日本では、家計の貯蓄はもともと大きいうえに企業が資金余剰になっている。金利は長らく０％以下だが、実質金利は高止まっている。その結果、潜在成長率は１％未満に落ち込んでおり、物価も上がらない。長期停滞論でいう均衡利子率は、日本では大きなマイナス値なのであろう。

長期停滞論では、世界的な過剰貯蓄をもたらす要因として次の４つがあげられることが多い。①バブルと金融危機が繰り返され、企業も個人も過度に慎重（リスク回避的）になる、②少子高齢化・人口停滞により需要が低迷する、③IT化・サービス化により資本集約化する、④新興国の過剰貯蓄が拡大する、といった要因である。

日本は、このうち①②③が当てはまる。①1980年代後半のバ

ブル経済と1990年代のバブル崩壊があまりに大規模であったため、崩壊後30年がたっても日本人は縮こまっている。②少子高齢化・人口減少は、総量としての需要を減らす。ただし高齢化によって貯蓄率はむしろ低下するとみられている。③IT化・サービス化は、労働需要を減らし労働分配率を低下させ、労働者所得は減少するので消費需要の減退要因になる。しかし、その際に貯蓄がどうなるかはよくわからない。大まかにいえば、日本はその症状においても要因においても、長期停滞論が最も如実に表れている国であるといえよう。

重要なのは今後、これを克服できるかどうかである。上記の諸要因のうち、①のバブル・金融危機のトラウマは、過去の話でありどうしようもない。あえて述べれば、日本人が1980年代以前のようなアニマル・スピリット、チャレンジ精神を取り戻せれば、委縮を克服できるであろう。そのためにできることは、経営成功者や識者、教育者が、チャレンジ精神を喚起するような教育・啓蒙を心がけるくらいである。

②のうち少子化（人口減少）による需要不足は、労働生産性を高められるかどうかにかかっている。労働力人口の減少は不可避だが、それを上回るペースで労働生産性を高められれば、（実質賃金が上昇し）雇用者所得は増加し、需要が増加する可能性はある。金融面では、日本産業の生産性向上のために産業構造変革（産業調整）をどの程度後押しできるかがポイントとなる。特に起業・ベンチャーの促進、生産性の高い優良企業への資金フローの拡充において金融面の果たす役割があろう。また

不振な中小企業に事業転換を迫りつつ、再生を促すような事業金融も重要である。

②のうち高齢化については、高齢者の所得が中壮年に比べて低いので、消費構造が変化しなければたしかに消費需要減少要因となるであろう。しかし、第Ⅳ章で述べたとおり、高齢者の金融資産は大きい。相続税が強化され、貯蓄の遺産動機（遺産を資産に残すために貯蓄する動機）は減った。年金制度は、マクロ・スライド制度が入ったことで、給付水準は低下したが持続可能性は増した。リバースモーゲージ、マンションの賃貸等の普及による高齢者資産の所得化の道も増えた。これらの環境変化を考えると、高齢者の消費市場を拡大し、高齢化にもかかわらず個人消費の減退を抑える道はありうる。そのためには、第Ⅳ章で述べたとおり、高齢化後の家計の安心を得るために、退職までに十分な貯蓄残高をもたねばならない。すなわち若年・中年から地道に貯蓄をすることが重要であり、その点で個人型確定拠出年金（iDeCo）への期待は大きい。

③のIT化・サービス化による資本集約化は、致し方ないであろう。雇用（労働需要）の減少も不可避であろう。しかし、それが労働者所得の減少をもたらすかどうかは、前述の生産性向上を図れるかどうかにかかっている。生産性を高められれば、労働所得は必ずしも減少せず消費需要も減退しない。そのための産業構造調整に金融がいかなる役割を果たせるか、が重要である。

## ◆イノベーションを促すマネーフローの条件

　本書では、第Ⅰ章でマネーフローから日本の金融構造の問題点を洗い出した。第Ⅱ章以降各所でそれらを論じたとおり、バブル崩壊後の経済成長率の低下により企業、個人にリスク回避の傾向が強まり、その結果マネーが回らなくなっている。それに加えて、長引く金融超緩和政策、特にマイナス金利政策は、筋肉弛緩剤のように金融市場の機能を麻痺させ、マネーフローを細めている。公的金融も、民間金融機関の与信活動を阻害し、マネーフローを細めている。

　こうした膠着した状況を、何とか是正しなければならない。手っとり早いのは、マイナス金利を止め、正常な金融政策に戻すことである。そのためには「中央銀行の金融緩和策で総需要を拡大するのは無理だ」ということを、政界も国民も知る必要がある。金融緩和策への期待は、幻想しかもたらさない。

　次に政策的な対応が可能なのは、公的金融を徹底的に絞り込むことである。市場では供給されない公共目的の事業（企業）に対して公的金融が与信を行ったり、今般のコロナ禍や自然災害の影響で経済が混乱に陥ったときに緊急措置として対処するのはよいが、それ以外は基本的に民間に任すべきである。公的金融の意義を示す際に「民間資金の呼び水」という表現が用いられるが、実際には民間資金を阻害するケースがほとんどである。1970年代以前のように、産業界に超過資金需要があり民間銀行が資金不足にある際には、郵便貯金を原資とする公的金融

機関経由のマネーフローが民間を補完する役割を果たした。しかし現在は、民間金融機関、特に地域金融機関は資金の運用先が乏しく、限られた資金需要を金融機関が取り合う構図になっている。これが、貸出金利が採算割れ水準まで下がる原因となっている。そうしたなかでは、公的金融が存在するだけで民間金融機関の業務は排除される。

マイナス金利と公的金融の存在により、かなり多くの地域金融機関の収益が悪化している。このまま放置すると、少なからぬ金融機関が破綻する懸念がある。そうなると、マネーフローはさらに委縮する。邦銀の不良債権は、21世紀に入り顕著に減少し、かなり低水準にある。しかし、足元では信用コストが拡大しつつあり、予断を許さない。金融監督当局、日本銀行は、「いまそこにある危機」との認識を忘れず、金融システム安定のためのマクロ・プルーデンス政策を実施すべきである。

## ◆疑似資本の株式化、ベンチャー株式調達の促進で証券市場拡充を

金融構造の草の根の変革も重要である。まず、長年の課題である「バンキングから証券へ」のシフトを徹底すべきである。日本の金融の、間接金融依存、現預金依存からの脱却が唱えられて久しい。1990年代には、そのために金融ビッグバンも実施した。その後、貸出債権の証券化や投資信託の普及は金融取引の多様化をもたらし結構であるが、同時に株式や債券など伝統的な証券取引の拡充も必要である。

マイナス金利は、証券市場の拡充のためにもやめる必要があると考える。市場の神経系統である金利の機能を取り戻さない限り、証券をめぐるマネーフローは拡大しない。証券取引所の改革も重要である。そして何より重要なのは、証券発行、特に株式の発行を増やすことである。

　まず、銀行の中小企業向けの運転資金貸出のローリング（短期継続）融資である疑似資本を株式に転換し中小企業の自己資本比率を向上させたい。そのためには、まず金融監督当局は根雪のようなローリング貸出を容認することをやめるべきである。金融機関は、中小企業向けの「根雪運転資金貸出」をやめ、かわりに発行される株式に、地域ファンドや関連投資会社を通じて直接・間接に資金を流してほしい。これは収益悪化に苦しむ地域金融機関の大きな活路となるであろう。

　第Ⅲ章で述べた、ベンチャー企業の株式調達の拡大、そしてベンチャー株式への円滑なマネーフローの確立も、重要である。日本は、ベンチャー企業が公的金融機関から直接融資を受けられる珍しい国である。米国のSBA（Small Business Administration、中小企業庁）管轄下のSBIR（Small Business Innovation Research）は中小企業の先端技術開発の支援を行っているが、その支援の中心は技術開発に対する補助金であり直接融資ではない。欧米では、ベンチャーの創業資金、運転資金は、まず創業者本人、そしてその家族、友人からの出資、ベンチャー・キャピタル（ファンド）あるいはエンジェル（ベンチャーに出資する富裕者）からの出資によってまかなわれる。こ

れら３Ｆ（family、friend、fund）が、欧米のベンチャーの資金源の代表格である。公的金融機関に有望なベンチャー発掘を求めるのは無理があり、そのリスクの高い資金を融資で提供するのも無理がある。やはり株式で調達し、そこにファンドが資金を投資する構造を拡充してほしい。その際、官製ファンドに頼る構図はよくない。官製ファンドは縮小し、民間ファンドとエンジェルに投資機会を与えてほしい。地域金融機関は、地域ファンドなどに資金を積極的に供給し、民間ファンドの育成に注力してほしい。

　クラウドファンディングは、そうしたベンチャーの株式調達拡充の起爆剤になりうる。日本では、融資型クラウドファンディング（ソーシャルレンディングとも称する）が急増しているが、これは邪道である。クラウドファンディングは、各投資家が投資先（企業）の経営・財務状況や事業のねらい・活動状況を熟知し、共感することによって投資をする直接金融である。しかし、融資形態では貸し手は仲介業者となり、投資家と資金調達者が直結しない。融資型クラウドファンディングは、銀行預金に金利がつかないことの隙間をねらった邪道であり、金融市場の健全な発展を妨げる。

　銀行融資を、疑似資本の株式化、ベンチャーの株式調達に振り替えて企業をめぐるマネーフローをつくり直す。これが、日本のマネーフローを蘇らせ、日本経済・産業に活力を与えるための最重要課題である。その点では、地域ファンドとクラウドファンディングの充実、そして地域金融機関の投資銀行化、が

鍵となる。

## 2 キャッシュレス化・フィンテック・デジタル通貨の展望

### ◆金融の枠組み変革を迫るフィンテック

　金融の将来像や進路は、フィンテックに関する洞察抜きでは語れない。しかし、古来、デリバティブ、証券化、投資信託、仕組み融資等、金融の技術革新は枚挙に暇がない。フィンテックは、技術とはいえ、IT（情報技術）、特にインターネットを通じた金融取引、金融商品あるいはそうした金融取引を実現するための諸システムであり、そうした意味では、「デジタル金融」というほうが適切である。

　フィンテックの由来についてはすでに第Ⅰ章で概観したとおり、1980年代の米国に萌芽がみられるが、一般的になったのは2008年のリーマン危機以降である。伝統的な金融業にかわり、折からのIT技術の進化も受け、インターネットやスマートフォンを活用する金融サービス・商品を提供する新興業者が米国等で誕生したのがフィンテック本格始動の幕開けであるが、その後の進展は、すでに記したとおり目覚ましい。

　フィンテックにより、決済などの金融サービスが、旧来型の取引に比べて安く、迅速に提供され、消費者の利便性が高まる

可能性が高い。また、フィンテックは、キャッシュレス化を実現し、これはさまざまな影響を経済・社会にもたらす。さらに、これまで金融サービスを十分に活用できなかった貧困層や後発発展途上国等でも利用できる可能性があり、金融包摂（すべての社会層が金融サービスを享受できるようにすること）にも資する。

一方で、フィンテックは既存の金融機関による金融サービスを多かれ少なかれ侵食することになる。このため、メガバンク等既存の金融機関は、フィンテックを内製化するか、フィンテック事業者と提携するか、といった選択を迫られる。特に近年は、既存のIT業者・SNS管理会社等が金融機関と提携を組む事例が目立つ。また、フィンテックの拡大に、金融の法・規制も変革を迫られる。

## ◆諸外国に遅れをとったキャッシュレス化

キャッシュレス（cashless）とは、物理的な現金（紙幣・硬貨）を使用しなくても活動できる状態を指す。あらゆる経済取引には資金決済が必要であり、古来、その決済手段として現金が使われてきた。企業間では手形・小切手による決済も頻繁に利用されてきたが、日本では欧米と異なり個人は小切手をあまり用いてこなかった。小切手決済も本来はキャッシュレス決済の一種だが、ここでは、「キャッシュレス決済」は、クレジットカード、電子マネー、デビットカード、スマートフォンを用いたコード決済（スマホ決済、またはモバイルウォレットとも呼

図表 8 − 1　キャッシュレス決済（支払い）の類型と特徴

| | プリペイド（前払い） | リアルタイムペイ（即時払い） | | ポストペイ（後払い） |
|---|---|---|---|---|
| 主なサービス例 | 電子マネー（交通系・流通系）プリペイドカード | デビットカード（J-Debit・国際ブランド系） | モバイルウォレット（QRコード、NFC等） | クレジットカード（磁気カード、ICカード） |
| 特徴 | 利用金額を事前にチャージ | リアルタイム取引 | リアルタイム取引 | 後払い、与信機能あり |
| 消費者の支払 | 1回払い | 1回払い | 1回払い | 1回払い、分割払いほか |
| 支払限度額 | 入金額 | 預金残高 | 預金残高 | 与信枠 |
| 加盟店への支払サイクル | 月2回など | 月2回など | 即日、翌日、月2回等多様 | 月2回など |
| 主な支払方法 | タッチ式（非接触） | スライド式（磁気）、読込み式（IC） | カメラ／スキャナ読込み（コード）、タッチ式（非接触） | スライド式（磁気）、読込み式（IC） |
| 利用者の審査 | なし | なし（ただし預金者） | なし | あり |
| 消費支出比（2016年） | 1.7% | 0.3% | ― | 18.0% |

（資料）　経済産業省　商務・サービスグループ　消費・流通政策課「キャッシュレス・ビジョン」（2018年4月）、p.4、図表1等により筆者作成

　　　https://www.meti.go.jp/press/2018/04/20180411001/2018 0411001-1.pdf

ぶ）などの、「現金ではないが現金と同様の機能をもつデジタル記録媒体を用いた決済」を指すこととする。

　キャッシュレス決済は、支払のタイミングに応じてプリペイド（前払い）、リアルタイムペイ（即時払い）、ポストペイ（後払い）の３種に分類できる（図表８−１）。日本の場合は、ポストペイのクレジットカードがかなり以前からあったが普及率は欧米に比べると低かった。そこに21世紀になってから前払いのプリペイドカード、次いで交通系の電子マネーが急ピッチで普及し相応の決済シェアを得た。デビットカードはあまり普及しなかったが、2018年頃からモバイルウォレット（スマホ決済）が急伸し、現在に至っている。

　日本は現金社会といわれる。たしかに、キャッシュレス決済比率（2016年）を国際比較すると、比較対象11カ国のうち日本は10位である（図表８−２）。１位の韓国の約96％に対し、日本は約20％とかなり低い。その後、日本のこの比率は2017年には21％、2018年には26％に上昇した。2019年10月には消費税率引上げに伴い、キャッシュレス還元が付与されたため、現状ではさらに高まっていると推測される。しかし、国際比較において日本のキャッシュレス決済比率が低いことには変わりはないであろう。

　なお、日本では個人の支払決済手段として、銀行振込み（送金）、口座振替え、さらには給与天引きといった手段が普及している。これは他の国ではあまりみられない現象である。これらの決済手段は、純然たるキャッシュレス決済であるが、上記

図表 8 － 2　主要国のキャッシュレス決済比率の比較（2016年）

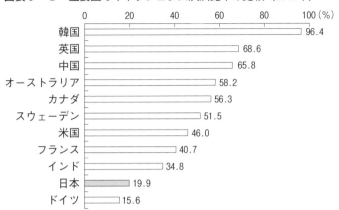

(注)　世界銀行、BISの統計によりキャッシュレス推進協議会が集計。
(出所)　一般社団法人キャッシュレス推進協議会「キャッシュレス・ロードマップ　2019」p.14、図表10により筆者作成
　　　　https://www.paymentsjapan.or.jp/wordpress/wp-content/uploads/2019/04/Cashless_Roadmap_2019.pdf

の比率には含まれていない。日本クレジットカード協会の推計では、銀行振込みや口座振替えを含めたキャッシュレス決済比率は62％（2019年 7 月調査）にのぼるとのことである。クレジットカードが30％、口座振替えが21％、銀行振込みは 5 ％、電子マネーが 4 ％、デビットカード・QRコード決済が合計 1 ％という内訳である。

　逆の視点で、流通現金の残高の名目GDPに対する比率をみると、これは他の主要国に比べてかなり高い。貨幣の取引需要（支払決済金額に連動）は名目GDPで示されると考えると、日本では通貨（決済性預金＋現金）に占める現金の比率がかなり

高いことを示す。

キャッシュレス化は、消費者・事業者の双方に利便性をもたらし、経済の生産性を高めると期待される。

消費者は、現金保有による盗難や遺失のリスクから解放され、銀行ATM等での現金の入出金の手間を削減でき、支払履歴をデジタル記録できれば家計管理の効率も高まる。事業者は、現金の取扱いやレジ締めの時間とコストを削減でき、現金取扱いに係る諸ミスをも削減できる。支払履歴は自動的に集計され、ビッグデータとしてマーケティングや商品開発に活用できる。また、キャッシュレス決済を好む外国人観光客の需要取込みにも資する。さらに、セルフレジなどにより省力化、無人化ができれば、人件費の削減のみならず、従業員の負担も軽減される。現在は金利が低いのであまり関係がないが、将来ある程度の金利水準となれば、事業者は利子を生まない現金を圧縮することで資金益を得る（付利金融資産に振り向けることや負債の圧縮による営業外収支改善）こともできる。

銀行や信用金庫等にとってもキャッシュレス化はありがたい。ATMに現金を常に保有し、その増減に応じて現金を補給・収集し、日本銀行に現金の受渡しをするコストは銀行等にとっても相当大きい。これが圧縮されれば、銀行等の収益に貢献する。

これらがどの程度日本経済の生産性向上に寄与するかは不明だが、キャッシュレス化推進によるデメリットも思いつかない。日本政府は、キャッシュレス化をやや強引に推進しようと

しているが、この姿勢は間違っていない。

## ◆金融サービスの諸機能と決済の類型化

フィンテックやキャッシュレス化を進めるうえで、いくつか整理しておかねばならないことがある。

第1は、金融サービスに係る諸業務をきちんと定義することである。

フィンテック進展に伴い、規制が緩和された分野には銀行街の事業者が新規参入、あるいは既存のメガ金融機関の子会社が参入し、アンバンドリング（業務の分解）が進む。アンバンドリングされた各金融機能をきちんと定義しておかないと、整合的な法制度が築けない。フィンテックについて、2年間協議してきた金融審議会・決済法制および金融仲介法制に関するワーキング・グループは、2019年末の報告において、金融機能を①決済、②資金供与、③資産運用、④リスク移転、の4機能に分類している。そして、従来の業種別・業態別の規制を解体し、この4機能を軸に再構築しようとしている。その際、「同一機能、同一リスクには同一ルールを適用する」という方針を置き、既存金融機関も新興フィンテック業者も同等の扱いとするとしている。

第2は、「決済（settlement）」をどうとらえ、どのように整理するかである。上記①〜④の4機能のうち、①決済分野が最もフィンテックの影響を受ける。古来、金融＝マネーフローは、経済の血液と呼ばれる。そのマネーフローは、ミクロの貸

借関係の集積であり、各貸借関係（含む売買契約）には資金の決済が付随する。したがって、「決済」は経済活動に不可欠なものであり、筆者は人体になぞらえれば「呼吸」に当たるといっている。肺呼吸で酸素を取り入れなければ血液は濁り、死に至る。同様に、決済が滞ればマネーはめぐらず、経済は麻痺する。それほど重要な決済を、これまでは現金と銀行の要求払預金（当座預金、普通預金等）が独占してきた。金融ビッグバンにより、証券会社のMRF（Money Reserve Fund）によるクレジットカード決済や給与振込み等ができるようになったが、証券会社で資金決済している例はほとんどない。

　少々複雑なのは、クレジットカードやデビットカード、モバイルウォレットといった新型のキャッシュレス決済手段である。これらは、消費者と店舗との関係では支払はカードやスマートフォンでなされるが、いずれも最終的な資金決済は預金でなされる。そういう意味ではカードやモバイル決済は、根源的には預金による決済である。電子マネーも同様である。消費者と店舗との関係では支払は電子マネーでなされるが、その資金は事前に現金あるいは預金からチャージされた資金であり、これも根源的には現金・預金決済である。

　ところが、新たな決済手段は、現金・預金とは離れた決済ツールを提供している。まず、各種キャッシュレス支払に付随するポイントは、預金・現金とは一線を画しているがそれ自体で支払ができる決済手段である。コンビニエンスストアや家電量販店のポイントでかなりの金額の消費をする人も少なくな

い。

　もう一つは、ビットコイン等の暗号資産（仮想通貨）である。かなり限定的ではあるが、ビットコインで飲食・買い物ができる店も日本国内にあり、部分的ながら決済機能を有している。Facebookが企図するステーブルコイン（米国ドル、ユーロ、日本円等の主要通貨の安全資産に安定的に投資する通貨）である「リブラ（Libra）」は、もし誕生すれば27億人にのぼるとされる利用者数の多さからして、決済のうちのかなりの部分を預金から奪うことになろう。

　さらに後述するように、小口の送金サービスについての事業参入規制の緩和が企図されている。送金事業が銀行以外に認められれば、これも預金を介しない決済である。フィンテックの進展により、現金・預金以外の決済ツールはますます多様になってくるであろう。

## ◆決済・仲介法制の整備

　フィンテック、新決済サービスの興隆を受け、2020年の通常国会に決済・仲介に関する法改正案が提出され、6月5日に成立した。

　まず、送金サービスを担う資金移動業者について資金決済法（資金決済に関する法律、平成21年6月24日法律第59号）が改正され、送金サービス100万円の上限が撤廃される。そして送金業者を3類型に再編した。類型1は、現行の送金上限の100万円超の高額送金を行える業者であり、現行と同様の登録のみなら

ず当局の審査を要する許可制とした。類型2は、現行規制どおり、すなわち銀行に対する規定を残した。類型3は、5万円以下の低額送金のみを扱う業者であり、参入規制は緩くする。また顧客から預かる送金用の資金は、分別管理さえすればよいとした。この類型3のカテゴリーに、多くの新興フィンテックが参入するものと思われる。

　次に、金融商品販売法を金融サービスの提供に関する法律に改称し、新しい概念として「金融サービス仲介業」を規定する。現行では、銀行は銀行法にのっとり銀行代理業者、証券は金融商品取引法にのっとり金融商品仲介業者、保険は保険業法にのっとり保険募集人・保険仲買人、といった具合に業種ごとに登録が必要である。また仲介業者は、業種ごとに金融機関に所属し、その規則に従わねばならない。これでは、仲介業者の負担が大きく、参入が進まない。これを金融サービス仲介業として一元化し、銀行・証券・保険等の金融サービスを総合的に提供できるようにする。想定しているのは、家計簿アプリを提供しているフィンテック企業が「金融サービス仲介業」に登録することで、利用者の資産状況に応じて適切に業種をまたいだ金融商品・サービス仲介を行うといったケースである。たとえば、つみたてNISAと保険、ローンを同時に提案できる。

　この横断的なワンストップ型サービスは、2021年度から導入予定である。これが整備されると、利用者（消費者）の利便性はかなり向上するであろう。スマートフォンのみによって、フィンテック業者からあらゆる金融サービスが提供される。これ

は、第Ⅳ章で述べた若・中年層からの着実な資産形成に寄与するものと思われる。

## ◆リブラ（Libra）が中央銀行デジタル通貨（CBDC）の背中を押す

Facebookが主導するステーブルコイン「リブラ（Libra）」が、当初の計画どおり2020年中に誕生する可能性は遠のいたようにみえる。しかし、リブラは中央銀行を焚き付け、中央銀行が発行するデジタル通貨（Central Bank Digital Currency：以下、CBDC）が複数登場しそうである。中国は、コロナウイルスによる混乱にもかかわらず、2020年にもデジタル人民元の発行を始める予定である。スウェーデンも、2021年にeクローナを発行する予定とのことである。スウェーデンでは、すでにキャッシュレス化が相当進んでおり、現金をデジタル通貨に完全代替することは現実的である。マイナス金利を深掘りしたい欧州中央銀行（ECB）も、真剣にデジタル・ユーロを検討しているようである。

CBDCとは、①デジタル化されている、②円などの法定通貨建てである、③中央銀行の債務として発行される、の3要件を満たす通貨である。

形態としては、2形態がある。

一つは「トークン型」であり、これは各国の中央銀行が発行する現金をスマートフォンやカードなどの電子情報に書き換える方式であり、中国のデジタル人民元もこの方式を採用するよ

うである。トークン型CBDCの供給は、現金と同様、個人や企業の需要に応じてなされる。デジタル人民元は、中国人民銀行が市中銀行にその預入れと引出しなどのサービスを委託するようである。

もう一つは、「口座型CBDC」である。現状でも、金融機関や政府は中央銀行に当座預金を保有している。その中央銀行当座預金（預け金）を、非金融企業や個人に開放し、民間企業・個人が中央銀行に預金口座をもつ方式である。

中央銀行が紙幣の発行をやめ、電子媒体でのトークン型CBDCを発行すれば、既存の民間の電子マネーにかわりうる重要な決済手段となることは間違いない。発行体の中央銀行の信用はその国のなかで最高であり、ビットコイン等の暗号資産（民間デジタルトークン）と異なり為替リスクも価格変動リスクもない。そうした信頼できるCBDCが流通すれば、国民の決済に関する効率性が格段に高まり、これは経済活動に少なからぬプラス効果を与えるであろう。

## ◆日本銀行もデジタル通貨（CBDC）の発行を

中央銀行が紙幣の発行をやめ、中央銀行が発行するトークン型デジタル通貨が現金に完全にとってかわれば、中央銀行はマイナス金利の深掘りをできるようになる。紙幣（現金）のあるなかでマイナス金利の深掘りをすれば、銀行は口座維持手数料の徴求などにより実質的に預金金利をマイナスにするであろう。その場合、預金者は預金から現金に資金をシフトする。現

金に金利はつかないからである。現金は預金と異なり信用創造機能をもたないので、非金融部門の現金保有が増えると信用乗数が低下し、そのぶん、金融引き締め効果が生じる。他方で、CBDCにはマイナス金利もつけられる。発行時から定率で自動的に価値が減少する仕組みをあらかじめ組み込んでおけば、そのデジタル通貨はマイナス金利となる。その場合、預金からデジタル通貨への特段のシフトは起きず、信用創造機能が低下することもない。ただし、上記のロジックが成り立つのは、すべての現金がデジタル通貨にとってかわる場合であり、それはスウェーデンのように小国でキャッシュレス社会がある程度実現している国でないと不可能である。日本、米国、中国、ユーロ圏などの大きな経済で、現金が大量発行されている国では、上記のロジック、すなわちマイナス金利の深掘りができるということにはならないであろう。

また、中央銀行がトークン型CBDCにとどまらず、中央銀行預金を民間企業や個人に開放し、口座型CBDCの提供に至れば、これは既存の銀行等の預金取扱金融機関の業務を代替することになる。口座型CBDCが主流となれば、究極的には預金取扱金融機関の使命はなくなる。その際、既存の銀行は、預金を受け入れず中央銀行から融資を受け、その資金で民間非金融部門に融資をするノンバンク金融機関と同様の位置づけとなる。

これは一見、既存の銀行にとって大きな痛手にみえるが、邦銀にとっては必ずしもそうでもないかもしれない。日本では銀

行の運用金利はほぼ0％に落ち込んでおり、すでに銀行は預金調達による資金益機会（預貸金利鞘）を失っている。預金による決済ビジネスも採算割れであり、CBDCの決済を請け負うコストを中央銀行から補てんしてくれるのであれば、総合的な収益が減少するとは限らないからである。

　現実には、口座型CBDCの導入は困難であり、また現金がすべてデジタル通貨にとってかわることはないであろう。したがって、（トークン型となるであろう）CBDCの発行の最大のメリットは、電子決済の普及による経済効率の向上ということになる。その効果の大きさは不明ながら、経済取引における決済の重要性、および現金決済の不効率性を考慮すると、その効果はばかにならないものとなろう。

　日本・米国・中国・ユーロ圏など主要国は、CBDCの発行を急いだほうがよい。すでに多くの暗号資産が生まれており、その安全性、価格の不安定性、提供業者の信用・健全性には疑問がつきまとう。そうした状況を放置するよりも、主要国の中央銀行がデジタル通貨を発行すれば、国内の自国通貨での決済についてはおおいに健全性、利便性・効率性が高まるであろう。その経済効果は計り知れない。

　また、主要国はいたずらにリブラを警戒しその創設を邪魔するよりも、「リブラとCBDCの並立・共存」を目指すべきではないか。その結果、既存のグローバルな金融機関は国際決済にかかわるビジネスチャンスを奪われるが、世界経済・社会に与える恩恵は間違いなく拡大する。

# 3 残された課題：持続可能な発展のための金融の貢献

　本書では、日本のマネーフローの現状を点検し、これをどう修理してマネーがサラサラと健全に流れるようにするかを考えてきた。そのための処方箋は、本章第1節にまとめた。そして、本章第2節では、フィンテックの動きを詳説した。

　フィンテックは、既存の金融の枠組みに新たな息吹をもたらしてはいるが、これによって既存の金融システムの枠組みを突き崩すような動きにはまだなっていない。いまのところ政府は、既存の金融システム、法制度をフィンテックにあわせて手直しするかたちで対応している。しかし、今後のフィンテックの展開によれば、既存の金融システム、法制度を根本からつくり直す必要も出てくるかもしれない。日本銀行が中央銀行デジタル通貨（CBDC）を発行し本格普及させる場合には、その形態にもよるが、金融システム、金融政策とも根本的に見直す必要があるかもしれない。これはあたかも、蒸気機関の発明により経済・社会構造が根本的に変革を迫られたこと、あるいはもう少し卑近な例としては電気自動車開発により既存の自動車産業、あるいは製造業全体が構造改革を迫られていること、と符合する。その展開とスピードを予想するのは容易でない。

　もう一つ、本書で触れなかった重要な視点が、金融のSDGs（Sustainable Development Goals：持続可能な開発目標）の理念と

の調和である。SDGsとは17のグローバル目標と169のターゲット（達成基準）からなる国際連合の開発目標である。2015年9月の国連総会で採択された「持続可能な開発のための2030アジェンダ」という成果文書で示された2030年に向けた具体的行動指針である。いうまでもなく、地球環境問題は深刻度を増している。低開発発展途上国の貧困・衛生も深刻である。先進国では格差拡大、排外主義などが横行し、包摂や福祉の考えが後退している。経済開発、経済成長は重要だが、同時にそれが地球環境、社会の安定性などをそぐものであってはならない。こうした考え方を世界で共有しようとする国際連合の試みである。

　こうした思想に金融界も主体的に関与していかねばならない。第Ⅰ章にて、金融は「経済の黒子から前面に出て、経済をリードするようになった」と述べた。たしかに金融が経済・社会を振り回す、あるいはリードする傾向が高まっている。こうした現象は、マネー経済化、カジノ資本主義とも呼ばれ、これまではネガティブにとらえられることが多かった。しかしポジティブかネガティブかは、その結果による。世界が求める価値観に、金融が経済・社会を導けるのであれば、それはポジティブなマネー経済化である。その目指すべきターゲットとして、世界共通の基本理念である「持続可能な開発（Sustainable Development）」や「包摂的な成長（Inclusive Growth）」を掲げ、これに向けて金融が主体的に貢献する努力をすることは意義があると考える。

そうした観点では、証券市場で浸透してきた「ESG投資」の考え方は重要である。ESGはEnvironment・Society・Corporate governanceの略語であり、「環境・社会・企業統治を重視する投資」を促進しようとする動きである。従来からグリーン投資、グリーン・ファンド、エコファンドなどと称し、環境重視をうたった投資の概念はあったが、ESG投資は環境のみならず社会貢献・人権擁護、優れた企業統治をも含めて「よりよい社会」を実現するために金融面からサポートしようとする動きである。その根底には、成熟化した社会においては「環境・社会・企業統治を重視することが、最終的には企業の持続的成長や利益の拡大につながる」との発想に基づく。ESG投資の形態としては、ESG評価の高い企業を投資対象に組み込む「ポジティブ・スクリーニング」と、環境破壊や反社会的活動に係る企業を投資対象から外す「ネガティブ・スクリーニング」がある。

　ESG投資は、欧州では投資の中心に位置するほどの市民権があるが、日本では金融市場の中核に位置しているともいえない。特に証券市場よりも、融資市場においてESGに対する意識が薄い傾向がある。いまだにESGを斜に構えてみている金融人が多いのであろう。さて、そうしたなかで、ESGあるいは持続可能な経済発展の思想を、法制度、金融システムにいかにして組み込んでいくかが重要である。この点については、いまだ手つかずの感がある。今後の重要な課題である。

## 【参考文献】

・池尾和人・幸田博人『日本経済再生　25年の計』日本経済新聞出版社、2017

・嘉治佐保子・中妻照雄・福原正大『フィンテックの経済学』慶應義塾大学出版会、2019

・一般社団法人キャッシュレス推進協議会「キャッシュレス・ロードマップ　2019」pp.1-99〈https://www.paymentsjapan.or.jp/wordpress/wp-content/uploads/2019/04/Cashless_Roadmap_2019.pdf〉

・金融財政事情編集部編「特集　新決済・仲介法制がくる！」『金融財政事情』第71巻5号、pp.12-26

・金融庁・金融審議会「金融審議会　決済法制及び金融サービス仲介法制に関するワーキング・グループ　報告」（2019年12月20日）、pp.1-30〈https://www.fsa.go.jp/singi/singi_kinyu/tosin/20191220/houkoku.pdf〉

・経済産業省　商務・サービスグループ　消費・流通政策課「キャッシュレス・ビジョン」（2018年4月）、pp.1-73〈https://www.meti.go.jp/press/2018/04/20180411001/20180411001- 1.pdf〉

・財務省財務総合政策研究会編『キャッシュレス・イノベーション』金融財政事情研究会、2019

・益田安良『「わかりやすい経済学」のウソにだまされるな！』ダイヤモンド社、2013

・益田安良「新通貨「Libra」の行方：「通貨」として流通した場合、経済システムに甚大な影響」『金融財政事情』第70巻28号、pp.18-21

【著者紹介】

**益田　安良**（ますだ・やすよし）

東洋大学 情報連携学部 教授、博士（経済学）

◆経歴
1958年生まれ。1981年京都大学経済学部卒業後、富士銀行（現みずほ銀
　行）入行。
1988年、富士総合研究所（現みずほ総合研究所）に転出し、ロンドン事務
　所長、主任研究員、主席研究員などを歴任。
2002年4月〜2016年3月、東洋大学経済学部（兼大学院経済学研究科）教
　授。
2016年4月より国立国会図書館 調査及び立法考査局 専門調査員。
2018年4月より現職。

専門は、金融システム論、国際金融論、経済政策論。

◆主な著書
［単著］『「わかりやすい経済学」のウソにだまされるな！』（ダイヤモン
　　　　ド社、2013年）
　　　　『中小企業金融のマクロ経済分析』（中央経済社、2006年）
　　　　『反常識の日本経済再生論』（日本評論社、2003年）
　　　　『金融開国』（平凡社新書、2000年）
　　　　『グローバルマネー』（日本評論社、2000年）
［編著］『グローバル・エコノミー入門』（勁草書房、2011年）
　　　　『ユーロと円』（日本評論社、1998年）他
［共著］『改訂 金融経済の基礎』（経済法令研究会、2017年）
　　　　『金融経済の基礎』（経済法令研究会、2014年）他

◆ブログ
http://masudayasu.blog.jp/

KINZAIバリュー叢書
経済再興のための金融システムの構築

2020年7月15日　第1刷発行

著　者　益　田　安　良
発行者　加　藤　一　浩

〒160-8520　東京都新宿区南元町19
発　行　所　一般社団法人 金融財政事情研究会
企画・制作・販売　株式会社きんざい
出版部　TEL 03(3355)2251　FAX 03(3357)7416
販売受付　TEL 03(3358)2891　FAX 03(3358)0037
URL https://www.kinzai.jp/

校正:株式会社友人社／印刷:三松堂株式会社

ISBN978-4-322-13559-6